在艺术的天空放飞童年

杜悦艳

艺术是人类发展史中不可分割的组成部分。从原始民族的祭祀活动、史前石窟壁画开始,艺术始终描述、界定并深化着人类的经验。它体现着人性,承担着人类文明传承的任务。而人类文明的保持与发展最终依赖的是儿童能力发展的程度。在这里,能力指的是拥有有意义和丰富生活的能力。

艺术,在儿童发展的各个方面都能够起到重要作用。艺术可以发展儿童的直觉、想象、情感、技巧以及在发展过程中形成的文化修养。同时,艺术还帮助儿童学会用各种语言和非语言的方式表达自己,学会在各种情境中理解、借鉴和尊重他人。这些都是拥有有意义和丰富生活的必备条件。

作为教师,我们如何建立艺术与儿童的直接而广泛的联系呢?首先,了解儿童的艺术能力发展。在音乐人类学中,音乐性被定义为人对音乐刺激的反应性或感受性。它还包括人对音乐的欣赏或理解,但是不一定包括音乐表演的技术能力。从这个意义上讲,所有的人都具有某种程度的音乐性,即音乐性是人的一种本能。这种本能源于人类的生物学保证,源于基因指令所造就的大脑和身体具备预制的音乐性。因此,儿童是天生的艺术家。

第二,树立正确的儿童艺术教育观。要突破传统意义上"艺术教育就是以学会唱歌、跳舞、弹琴、画画为主要目的的活动,就是以倾听、模仿、练习为主要手段的活动",让艺术教育的内涵从"通过教育的艺术"转变为"通过艺术的教育"。明确艺术教育的目标——"艺术是儿童生活的一部分""艺术是人类的自我发现、是交流沟通的方式、是理解他人表达自己的方式""艺术是面向全体幼儿的"。

第三,选择合适的儿童艺术活动内容。儿童有着对艺术的感受和欣赏直觉,但审美偏好尚处于形成期,审美判断缺乏标准。教师需要提供高质量的活动内容以帮助儿童形成高标准的艺术视野。同时,教师需要向儿童提供类型尽可能丰富的艺术作品以促进儿童形成开阔的艺术思维。

此外,教师还需要掌握适宜的儿童艺术教学方法。学前儿童艺术各领域教学法不仅限于教什么、怎么教,其还蕴含着儿童发展、学习科学、学习心理学、审美心理学等相关学科的理论支持。什么是适宜的学前儿童艺术教学方法?毫无疑问,是以游戏为平台的方式方法。课程游戏化不仅仅是因为游戏是儿童的生活和学习方式。从儿童发展来说,艺术活动所需要运用的身体器官在学前期尚处于发育状态,机械练习式的教学有可能造成不可弥补的身体伤害。从学习心理学来说,不同参与程度对学习效果的影响效率不同。从审美心理学来说,游戏中的儿童综合运用视觉、听觉、触觉,甚至味觉和嗅觉,形成了对艺术形式的多通道感知。寻根溯源,艺术与游戏在本质上是相通的。著名美学家朱光潜先生认为:"艺术的雏形就是游戏。"愿每一个孩子都拥有游戏的童年、艺术的童年。

(作者系江苏省学前教育学会副会长,南京师范大学教育科学学院副院长、研究生导师、教授)

江苏幼儿教育

目 录

卷首语
1　在艺术的天空放飞童年　　　　　　　　　　　　　　　　　　　　杜悦艳

名家访谈
4　走近法国幼教
　　——法国纳唐教育集团总裁娜塔莉访谈录　　　Nathalie Bachelie　朱佳慧

课程与教学

课程研究

7　发现问题：幼儿数学教育的起点　　　　　　　　　　　　　　　　庄爱平
11　共享经济视角下的幼儿园区角材料共享　　　　　　　　　　陈锦锐　王冉
13　童心玩数学．让生活走进"童玩数学课程"　　　　　　　　　　　朱丽芳
16　论幼儿园科学教育中幼儿的核心素养及其培养　　　　　　　樊静雨　邵小佩

科学教育

20　论幼儿科学教育与艺术教育的整合　　　　　　　　　　　　　　刘志强
24　幼儿园开展STEAM教育的切入点及课程设计策略　　　　　　　　　陈颂

课程游戏化

29　课程游戏化视域下冒险性游戏的发展适宜性及实施策略研究　　　　陈晓娇
32　幼儿园中班积木建构区幼儿行为观察与解读
　　——以"勇者大冲关"建构游戏为例　　　　　　　　　　　　　　王禹
37　"三位一体"合作模式下幼儿园课程游戏化有效实施的策略与建议
　　　　　　　　　　　　　　　　　　　　　　　　　　　刘曲　马利娜

儿童心理频道
40　离群的"小雁"
　　——儿童入园不适的心理干预　　　　　　　　　　　　　　　　刘琼

"江苏省学前教育学会2018年全省幼教论文评比获奖论文"专辑（上）
43　让儿童的学习"看得见"
　　——"我设计的桌子"课例的解构与重构　　　　　　　　　　　郑黎丽

首席顾问

虞永平　　南京师范大学教授
朱家雄　　华东师范大学教授

学术顾问（排名不分先后）

华爱华　　华东师范大学教授
周　欣　　华东师范大学教授
郭力平　　华东师范大学教授
方卫平　　浙江师范大学教授
边　霞　　南京师范大学教授
张明红　　华东师范大学教授
姜　勇　　华东师范大学教授
刘绪源　　儿童文学理论家
王家伦　　苏州大学教授
陈昇君　　苏州大学教授
王一梅　　儿童文学作家
苏　梅　　儿童文学作家
马　力　　沈阳师范大学教授
许铁梅　　南通大学教授

编辑委员会（排名不分先后）

主　任　张仁
副主任　杨建良　张永彬
委　员　孔宝刚　黄正平　蔡飞
　　　　丁兆雄　刘毓航　户振球
　　　　史余强　曾宪安　肖加平
　　　　邵志广　张广杰　王蕾
　　　　刘新学　袁宗金　王薇
　　　　张斌　戈柔　王晓芬
　　　　查莉　胡娟

编辑部

主　编　孔宝刚
常务副主编　张有根
副主编　黄乐　艾宁
文稿编辑　张有根　朱佳慧　蒋玲
责任编辑　朱建宝

主管　江苏省教育厅
主办　江苏省学前教育学会
　　　苏州幼儿师范高等专科学校
　　　复旦大学出版社学前教育分社
承办　《江苏幼儿教育》编辑部
出版　复旦大学出版社

2018.3　总第 18 期

47	与幼儿"谈生论死"	
	——如何选择生命教育绘本对大班幼儿进行死亡教育	陆银花
51	用资源　构主题　享奇趣	
	——班本主题活动"我和砖的故事"的建构	陈丽英
55	追随幼儿的发展	
	——中班下学期"先目测再接数"的学习策略探究	陈宝红

■ 幼儿阅读

58	多模态视角下《亲爱的小鱼》亲子阅读的意义解读	马　娟　丁利芳
61	符号互动理论下的幼儿早期阅读	石腾峰　曹　爽
65	童话中"威胁元素"的教育意义与使用	洪潇楠
69	接受美学视域下的幼儿文学阅读	洪妍娜
72	亲子环境下纸质与电子绘本阅读实践与思考	张　俊　徐楚蝶　杨　君
75	幼儿园绘本情趣阅读实践研究	潘　岚

■ 幼儿园管理与教师专业发展

78	高职高专学前教育专业"产教融合、校企合作"人才培养模式	
	实施现状及优化策略	张　晗　陶双骥
81	互通整合、共生共长	
	——家园共同体在幼儿园班级管理中的实践探索	李　娟　胡　娟
84	"熟手型"幼儿教师专业发展的路径探析	张绵绵

■ 学术动态

6	"读懂儿童——儿童发展研究与支持策略"国际学术研讨会在兰州召开
15	第三届"回归儿童"教育论坛暨哲学与幼童国际学术研讨会在杭州召开
36	第三届全国学前英语教学研讨会在云南昆明举行
46	2018两岸学前教育峰会在南京隆重举办

征稿启事

《江苏幼儿教育》是江苏省学前教育学会和苏州幼儿师范高等专科学校、复旦大学出版社学前教育分社联合主办的专注于幼儿教育理论研究与实践应用的学术期刊，由复旦大学出版社正式出版，全国公开发行，中国知网全文收录。欢迎赐稿！

办刊定位：以幼儿园教育教学、幼儿师范教育、幼儿家庭教育为主题，把握幼教改革与发展的主流，捕捉世界幼教发展新动态，及时反映国内外幼教研究新成果，着眼于幼儿园课程实施、儿童成长、幼儿教师的专业发展等问题研究，搭建促进幼教事业科学发展的指导与交流平台。

主要栏目：名家访谈、特稿专递、诊断与对话、课程游戏化、教师专业成长、儿童文学与文化、管理论坛、教养在线、早期教育、江苏园本课程、儿童发展、儿童心理频道、视野、教育与社会、幼儿园课程教学等。

来稿要求：

（一）坚持原创性，坚决杜绝抄袭，文责自负；

（二）来稿请用Word编写，5号宋体字打印，或发送电子文档至编辑部，请注明作者联系电话、详细邮寄地址；

（三）来稿应主题突出、论点明确、论据可靠、数据正确、语言简练、图表清晰，正文（含图、表）字数一般以3 000～5 000字为宜；

（四）论文格式依次为：中文标题、作者姓名、作者所在单位及邮编、中文摘要、中文关键词、正文、参考文献、作者简介（具体参阅本刊格式）。

本刊地址与联系方式：

地址：江苏省苏州市相城区华元路2号《江苏幼儿教育》编辑部；

电话：0512-69395312，69395310；

邮箱：jsyejy2013@163.com；

QQ：710827540；

QQ群：547749203。

《江苏幼儿教育》编辑部

2018年9月

出版日期	2018年9月28日
编辑部地址	江苏省苏州市相城区华元路2号
	《江苏幼儿教育》编辑部
邮编	215131
投稿信箱	jsyejy2013@163.com；QQ：710827540
联系电话	0512-69395312，69395310

编者按：娜塔莉（Nathalie Bachelie），法国纳唐集团总裁兼幼教发展部总负责人，纳唐出版集团总经理，联合国教科文组织学前教育领域特邀专家，法国著名幼儿教育专家，法国教育革新领域的代表性人物，在幼儿园产品研发领域已经有二十多年的经验。以下是本刊记者对娜塔莉女士做的一次关于"法国纳唐集团和法国幼教"的访谈。

娜塔莉（Nathalie Bachelie）女士近影

走近法国幼教
——法国纳唐教育集团总裁娜塔莉访谈录

Nathalie Bachelie　　朱佳慧

一、百年纳唐：儿童出版物与学前教育专家

问：娜塔莉女士，您好！纳唐是法国非常有影响力的幼教品牌，也是法国最大的一家幼儿园玩教具出版集团。您作为法国纳唐集团总裁，请向中国读者介绍一下纳唐集团。

答：1881年，费尔南·纳唐在法国巴黎创办了他的第一个出版社，出版发行了法国第一版彩色图文教材。当时法国的幼教理论层出不穷，主要有皮亚杰的建构主义理论、维果斯基学习理论、布鲁纳发现学习理论、蒙台梭利理论、法国幼儿园的创立者和奠基人波林凯果玛的理论等。纳唐将这些理论融合，吸取各种理论的精华所在，并且与波林凯果玛合作出版了很多教学理论著作，还首次引进了德国福禄贝尔的教学游戏理论，并致力于寓教于乐。因此，他的出版读物条理清晰、浅显易懂又生动有趣，打破了当时传统教材的常规和桎梏，真正做到了吸引学生们的眼球。迄今为止，纳唐出版社的出版物类型丰富，包括教师教学理论丛书、学校材料和电子书、针对教师和学生的在线服务、课后练习册和APP、儿童读物以及平板和教学白板的运用等。如今，纳唐已成为儿童发展读物和学前基础教育领域的专家。

二、法国幼儿园：让每个儿童都获得平等发展

问：法国是世界上学前教育发展最快的国家之一，学前教育的普及率很高，它是义务教育吗？是否免费呢？

答：在法国，3—6岁的孩子都可以进入幼儿园来学习，幼儿教育是非义务、免费的。法国幼儿园是一所真正意义上的学校，不同于一些国家只是托儿所或提供孩子娱乐的地方。因为它会遵循国家的指示，根据幼儿的认知水平来划分不同的项目和年级。幼儿园的课堂会被游戏这种特殊形式所取代，儿童通过游戏来学习各种能力，尤其是语言的学习和文化价值观的培养。

问：我们中国幼儿园的教育目标是促进幼儿身心全面和谐发展，那法国幼儿园的教育目标是什么呢？和我们国家的有什么不同？

答：和中国幼儿园不同的是法国幼儿园非常注重孩子的平等发展，这些孩子可能会来自法国社会的不同阶层，甚至来自不同的国家。有一些是移民家庭，父母都不会说法语，有一些是轻度残疾儿童，我们都尽量鼓励他们去幼儿园，而不是去特殊学校。我们希望通过三年时间让所有孩子达到相同水平。因此，幼儿园是一个让儿童平等发

展的地方,而不是采取选拔的制度。幼儿园的最终目的是让孩子为今后的学习做好准备。

问:法国幼儿园更多是全日制还是半日制呢?

答:法国幼儿园以全日制为主。每周周一、二、四、五是全天,周三是上午半天,具体时间是上午8:30—11:30,下午13:30—15:30,小班幼儿13:30—14:30可以在幼儿园睡一个小时的午觉。

问:法国幼儿园怎么分班?每个班级大约有多少小朋友和老师?

答:法国幼儿园和中国一样分为三个年龄班:小班、中班、大班。小班接收3—4岁幼儿,中班是4—5岁幼儿,大班是5—6岁幼儿。每个年龄班都采用集体教学和小组活动相结合的教学方式,班级幼儿人数26人左右,一般会配备1位教师和1位保育员。

问:中国幼儿园课程包括健康、语言、社会、科学、艺术五大领域,法国课程包括哪些领域呢?

答:和中国也是非常相近,法国教育部也认证了五大学习领域。第一个领域是语言,旨在培养幼儿听、说、写方面的能力,探索语言的运用方式;第二个领域是体育,培养孩子的行动力、适应性和合作交流能力;第三个领域是艺术,包括美术、音乐和戏剧;第四个领域是数学,帮助孩子们构建一种思维模式,探索数字的用途,包括图形、大小比较、序列等;第五个领域是科学,教孩子们如何辨别时间和空间,如何分辨物体和物质。

问:环境是幼儿园的重要教育资源,法国幼儿园在环境创设方面有什么要求呢?

答:环境创设是相当重要的,相当于孩子们的第二个老师,合理的环境创设有利于教学。环境首先要保证孩子们的安全,这一点是最重要的。其次,要有助于培养孩子的自主性,有助于他们交流分享,在交流的过程中可以提升语言能力。幼儿园活动室里一般会有一个集合区域,在这个区域老师会组织一些集体活动,孩子可以盘腿坐在地上,这样就能容纳26个孩子。还会有很多的游戏区域,如娃娃家、阅读区、操作区等。孩子在这里也能交流互动,这能促进他们的语言发展。幼儿园的材料都摆放在活动室的四周,方便幼儿随时随地拿取和进行自主游戏。这种环境创设也影响了法国幼儿教育体系,因为这种环境鼓励孩子自主操作,环境布置会根据孩子的需求进行改变,因为里面的所有家具设施都是可以移动的。

三、纳唐教学法:引导—练习—自由游戏—自主活动

问:纳唐作为法国知名幼教品牌,它的主要特色是什么?

答:纳唐的主要特色就是教学方法上的革新,它将游戏引入了教学,让孩子通过游戏来获得学习和发展。

(一)纳唐教学法的指导理念:重视游戏对儿童发展的作用

问:这种教学方法是受什么理论的影响呢?

答:在波林凯果玛和纳唐的双重影响下,游戏逐渐被引进了法国幼儿教育领域。长久以来,无数研究人员、科学家、教育学家都发现了游戏对儿童发展的重要作用,所有幼教领域的专家和从业者都承认游戏能有效促进儿童认知、情感、社会性的发展。我这里讲到的游戏是一种严肃的概念,在法语和中文里面都有两种不同的词汇:"娱乐"和"游戏"。这两个词并不是相同的概念,娱乐更多是指一种消遣,有种逃避的意味,而游戏是鼓励孩子进行一项有趣的活动。游戏的第一步是观察发现,这一阶段可以培养幼儿的观察力。第二步是游戏给幼儿带来的乐趣会激发他们的想象力和创造力。第三,游戏是孩子实践操作的一个重要过程,还可以培养幼儿的数学思维,主要是分类。游戏也是一个不断让幼儿尝试的过程,在尝试中会遇到失败,失败了再尝试,最终取得成功。游戏的一个好处是不会留下错误的痕迹,在游戏中做错了可以重来,不会给孩子一个错误的印象。其次,游戏也为幼儿提供合作交流的机会,从中可以培养孩子的语言能力。最后,游戏是一个理解、推理和记忆的过程,幼儿能记住某种游戏成果从而记住某种知识。

(二)纳唐教学法的实施:引导——练习——自由游戏——自主活动

问:教师如何具体实施这种教学法呢?

答:在教学过程中,教师会提供多种教学模式,为幼儿提供不同程度的指导、扮演不同的角色。纳唐的学习是一个循环的模式,其中分为四个阶段,这四个阶段的主要不同在于老师在其中扮演的角色不同。第一阶段是引导阶段,在这个阶段,老师扮演的是引导者,他会面对教室里的所有幼儿进行教学,这时老师会让孩子发现并且学习一个非常重要的能力。第二阶段是练习阶段,这个阶段将加深和巩固幼儿对这个能力的认知。所有幼儿会被分为不同的小组，每个小组一般由6—8人组成，每组都会有一套相同的玩具，老师会让一组幼儿开始活动，她接着会去另一个小组指导，然后会再重新返回这一组，看这组幼儿活动是否顺利。这个阶段主要是让孩子自己尝试解决问题，老师会尽量脱离游戏中，而是在旁边观察和记录并进行引导。第三阶段是自由游戏阶段，这个阶段将巩固孩子们的所学并教授他们能力。这个环节中，孩子们可以自由分组，通过互相讨论、合作交流来共同解决问题，整个过程教师都不会参与其中，以免干涉孩子们的自由活动。最后一个阶段是幼儿自主活动阶段，这个阶段孩子会一个人进行游戏，老师则是对孩子的所学进行评估，并对他们的成长进行记录，确认孩子是否真的学习到了。老师会将没有学到的孩子聚集在一起，重新重复以上环节。

（三）纳唐教学方法实施的注意事项

问：在教学方法的实施过程中，有什么地方需要老师注意的呢？

答：真正在游戏中学习其实是有很多地方需要注意的。首先，在游戏准备阶段，教师要明确自己的游戏目标，知道为什么要采用这种教学游戏以及怎样将这个教学游戏融入整个教学进程中。其次，教师的态度和自我定位在不同阶段也是不同的，教师应采用合适的方式介入。如在引导阶段教师是引导者，在自主游戏阶段老师就应该成为一个旁观者、观察者，在最后一个阶段是评价者。第三，教师一定要明确游戏的要求，通过游戏前的解释和游戏过程中的陪伴，让孩子能明确游戏的要求。第四，游戏的时间在20—30分钟最为合适，最好不要超过30分钟，否则老师就要带着孩子进行另外一种游戏。第五，要有合适的游戏材料，老师选取的材料要不断更新以便于适用不同的年龄层次。最后，老师要对游戏进行总结，通过记录总结孩子所学到的东西并告诉幼儿如何通过游戏获得成功，还要表扬他们在游戏中获得的进步，老师还要对幼儿的成长进行记录，要提高孩子的自信。我还想强调一点，在幼儿园孩子并不是为了学习而玩的，而是应该通过教师的指导在玩中学习，教师的作用在孩子的成长过程中也是非常重要的。

[学术动态]

"读懂儿童——儿童发展研究与支持策略"国际学术研讨会在兰州召开

2018年8月14日，由中国学前教育研究会主办、甘肃省教育学会幼教专委会承办的"读懂儿童——儿童发展研究与支持策略国际学术研讨会"在甘肃兰州隆重开幕，来自全国各地500多名中国学前教育研究会的单位会员和个人会员参加了为期三天的研讨和学习。

研讨会上，英国幼教联盟质量改进部门主管迈克尔·弗里斯顿介绍了《英国指南》中对英国早期教育机构的评估和分级标准，并通过三个视频帮助与会者理解"学习的过程与学习的内容同等重要"，以及有效学习的特点——探索和尝试、主动学习、具有批判性思维。世界学前教育组织（OPEP）终身荣誉顾问、前中国学前教育研究会副理事长马以念教授作了"城乡儿童发展与教育实践的差异性"的主题讲座，结合大量实例从幼儿教育必须遵循的科学规律、读懂儿童、游戏、借鉴与模仿等五个方面对城乡不同文化背景下的幼儿园教育理念进行了讲解。北京师范大学教授、博士生导师、科史哲研究所所长、中国自然辩证法研究会副理事长刘孝廷教授以"存在与智慧——儿童的哲学禀赋与未来"为主题，从儿童哲学的涵义、儿童哲学的起源与发展、儿童"是"谁——哲学眼中的儿童、儿童与哲学四个方面进行了阐述。

发现问题：幼儿数学教育的起点

庄爱平

(泉州幼儿师范高等专科学校,福建泉州,362000)

【摘要】 问题是数学思维的开端,是培养创新品质的源泉。在数学教学中,引导幼儿发现数学问题,符合幼儿认知数学的内在需要,是幼儿探索数学的必由之路。它有利于打破传统的幼儿数学教育模式,对于调动幼儿学习数学的热情、深化对数学知识的理解、发展思维能力和创新能力等具有积极的意义。引导幼儿发现数学问题,可以通过创设问题情景、通过幼儿的实践活动、通过幼儿学习数学的探索活动、通过其他领域的学习活动来完成。

【关键词】 幼儿数学教育;问题;发现问题;问题情景

中国古代讲究做"学问",所谓"学问"就是学会"问问题"。现代科学的发展史也告诉我们,每一个问号都可能导致一门新兴科学的产生或新兴技术的采用。著名数学家哈尔莫斯说过:"定理、概念、证明、方法中的任何一个都不是数学的心脏,只有问题是数学的心脏。"问题是数学思维的开端,是培养创新品质的源泉。有了问题思维才有方向,有了问题思维才有动力,而问题是需要引导幼儿去发现的。

一、幼儿发现数学问题的价值

(一)发现问题:认知数学的内在需求

"人天生具有认识外部世界、求知于外部世界的本性,乐于自己去追问、去探寻、去创造,并在探寻、追问、创造的过程中展现自己的生命力量、获得生命的意义感。"一个婴儿出生后,便睁大双眼搜寻各种新鲜的事物,认识各种不同的脸谱,尝试各种动作,发出各种声音传达自己的信息,这正是婴儿生命意义的表现。[1]到了幼儿期,幼儿更是对周围世界表现出极大的探索热情和求知欲望。他们有一种"打破砂锅问到底"的良好探索倾向,不但会提出各种各样的问题(包括各种数学问题),而且还常常因为自己能够发现问题而感到欣慰。如果我们在数学教学中充分地顺应幼儿的这一特点,允许并鼓励幼儿多问几个"是什么""为什么""怎么样",是可以保持并促进幼儿这种生而具有的求知欲、创造欲,从中感受到自我生命的力量、自我存在的价值。

(二)发现问题:探索数学的必由之路

在每一个数学发现过程中,数学问题就像一粒粒待开发的"种子"。为了使这些种子开花、结果,数学探索者始终围绕它精心培养、勤奋浇灌。没有创新的种子——数学问题,就不可能有数学探索的目标和方向,更谈不上数学的发现和创新[2]。数学活动,实质上是幼儿对数学的探索过程。在这个过程中,幼儿始终离不开对问题的发现。幼儿数学探究一方面强调通过问题来进行学习,把问题看作是探究学习的动力和起点;另一方面通过探究学习来生成问题。随着探究的展开,幼儿会观察到更多的现象,也会产生更多的问题,最后要求幼儿表达自己的见解,并和别人进行交流,倾听别人的意见,提出新的假设和问题,为进一步深入探究提供了更大的可能。因此,幼儿的数学探究学习过程实质上是幼儿不断发现问题、提出问题、分析问题、解决问题和产生新问题的过程。离开了幼儿对问题的发现过程,幼儿数学探索的活动是无法进行的。

(三)发现问题:打破传统的有效良方

我国幼儿数学教育长期存在重数学结果轻数学过程、重标准答案轻智力开发、重书本知识轻实践活动的倾向。孩子离园回家,父母常问的是"上课能听懂吗""考了几分",从来不问:"今天你向老师提了几个问题?""你解决了几个问

作者简介:庄爱平(1966—),福建泉州人,泉州幼儿师范高等专科学校教授。

题？"在这种传统的教育观念下,我们的孩子只能任凭思维的火花和灵感在头脑中飞舞,岂敢随便提出自己的问题。因此,提倡在数学教育中发现问题,就是要从小树立幼儿发现问题、提出问题的意识;就是要求教师要打破传统的教育理念,树立民主教学思想,采取民主的教学作风,尊重幼儿的个人经验和新异见解,废除一言堂、满堂灌,让幼儿敢于生疑,勇于设问;就是要求教师应把培养幼儿发现问题的意识和能力放在创新型人才培养的高度来看待。

（四）发现问题：调动热情的有效措施

诺贝尔物理奖获得者丁肇中教授曾在回答别人询问科学创造中的"苦和累"时说过："我一点也不苦,相反,我觉得很快活,因为我有兴趣,我急于要探索物质世界的奥秘……任何科学探索,最重要的是对于自己从事的工作有没有兴趣。"可见兴趣在科学创造活动中的重要性,而探索的兴趣则来源于对自然奥秘的探索,也就是来源于对科学问题的提出和解决的探索过程。好奇、好问是幼儿的天性,幼儿对周围事物充满着探索的欲望。引导幼儿发现数学问题,符合幼儿学习数学的心理特点,能够调动幼儿学习数学的热情,使他们自觉地投入到探索数学的问题之中,成为学习数学的主动者而非被动者。

（五）发现问题：深化知识的重要方法

数学知识是数学问题解决的结果,是客观的物化了的结果。波普尔认为："科学和知识的增长永远始于问题,终于问题——愈来愈深化的问题,愈来愈能启发新问题的问题。"[3]发现数学问题是以对数学对象的深刻认识和理解为基础的,不是简单的无中生有、随心所欲的过程。只有对数学知识有一定的认识和理解,才能发现有价值、有意义的问题。如果幼儿不具备一定的数学知识,就难以发现数学对象中蕴涵的矛盾和问题,而当运用已有的相关数学知识去分析数学认知对象的时候,也就深化了对已有数学知识的理解。因为在这一过程中,幼儿要观察和研究数学认知对象的特征和属性,并对它作出正确的判断,必然要求幼儿对已有的数学知识有深刻的理解和把握。

（六）发现问题：发展思维的根本动力

"学起于思,思源于疑。"问题是思维的路标,思维都是从问题开始的。数学思维实质上就是一个不断提出问题、解决问题的过程,而发现问题是解决问题的起点,也是解决问题一种动力。发现数学问题作为一种探索性的认知活动,它既包含着对现有数学知识的反思和改造,也孕育着对新的数学知识的确立和构建,这必然要动用多种思维方法。发现数学问题首先要运用已有的数学知识去分析认知对象,这就是运用演绎思维的过程。当幼儿对数学认知对象进行分析后,在教师的引导下,还要对它的本质属性、整体特征等作出判断,这就要运用归纳思维、综合思维等方法。发现数学问题的过程要求幼儿对问题保持敏感和质疑的心态,它可以引导幼儿的思考方向,扩大思维广度,提高思维层次,但更重要的在于可以让幼儿学会如何学习,如何思考。

（七）发现问题：创新精神的必然要求

"大众创业、万众创新"是时代对人才的需求,创新从发现问题开始。著名数学家Hadamard（1945）把发现问题的能力作为一个重要的评价标准来区分最优秀的学生与那些"第二流的学生"。可以说,能否发现问题,是衡量一个人是否具有创新能力的基本标志。爱迪生也认为："奥秘和创意常在发现问题之中。"在幼儿数学教学过程中,重视对幼儿发现问题能力的培养,不但能加深幼儿对数学知识的理解,而且对提高幼儿的创新能力具有积极的意义。因为要发现数学教学中的问题,需要幼儿有"否定"的精神,而否定旧事物的过程,也就是发现矛盾和问题的过程。只有善于发现和分析问题,才能谈得上"扬弃"旧事物,创造新事物。否定旧的数学知识、旧的解题方法和旧的解题思路,需要幼儿有与众不同的思考,有大胆的创新精神和锐利的发现数学问题的眼光。这些优良的品质应从幼儿开始培养。

二、幼儿发现数学问题的培养途径

（一）通过问题情景发现问题

问题的情境是知识的生长点,也是发现问题的启动点。数学问题总是源于某种数学情境,离开了数学情境,数学问题的产生就失去了肥沃的土壤。事实上,如果能引导幼儿从数学情境中发现数学问题,将会更好地发展幼儿的数学思维,激发幼儿学习数学的情趣,将直接有利于幼儿创新意识与能力的形成。然而,目前的幼儿数学教育很不注重创设问题情境,即使创设也往往出现不到位的情况,表现在：(1) 所设的情境与所产生的问题关系不大；(2) 没有将问题设在幼儿的"最近发展区",而是在"已知区"或"未知区"徘徊；(3) 问题情境设置的时间与顺序不恰当,也不能有效地激发幼儿"问题发现"。

所谓的问题情境，可以理解为数学教育的一种"气氛"，它既能使幼儿产生安全的、积极的、愉快的情感体验和希望发现问题的心理倾向，又具有有利于数学问题产生的丰富的数学信息或背景材料，能对幼儿发现、提出数学问题起帮助和促进作用[4]。也就是说，问题情境是幼儿敢发现问题、想发现问题、能发现问题的一种教学情境。在幼儿数学教育过程中，教师应转变角色，由原来的"问题设计者"转变为"情景创设者"，无论是在教学的整体过程中还是在教学过程中的某些微观环节，都应重视创设多样化的问题情境，以动摇幼儿已有的认知结构的平衡状态，从而唤起思维的产生，使幼儿进入问题探索者的"角色"。如以认知为目标，制造认知冲突，创设矛盾式的问题发现情境；以解决实际问题为目标，创设应用性的问题发现情境；以激励幼儿探索为目标，创设开放性的问题发现情境……事实上，只要从与幼儿的生活环境、知识背景密切相关的幼儿感兴趣的数学材料入手，就能有效地激活幼儿的好胜心、好奇心与表现欲，强化幼儿探索的动机与需求，促使他们提出问题。

在幼儿对情景问题的发现过程中，教师要注意留给幼儿足够的"等待时间"（waiting time），以便幼儿能有充分的时间进行思考和发现问题。在发现问题情境的创设中，有两类"等待时间"：一是创设发现问题的情境后的等待时间；二是教师对幼儿的问题做出反应的等待时间。一些研究者研究了教师处理幼儿自主提问的做法，发现大多数教师的"等待时间"都过短。他们的研究表明，延长"等待时间"有重要的学习效果[5]。如幼儿提出问题的质量提高，猜测性提问和回答增多，推理活动增加，问题多样化，问题和回答的灵活性增大，提问的数量和类型多样，幼儿学习自信心增大；幼儿特别是差生的期望效应提高，等等。总之，增加"等待时间"有助于把传统的数学教学转变为发现学习的情境。教师在教学中应根据教学目标、教学内容、幼儿实际来增加"等待时间"。

（二）通过数学活动发现问题

作为专门性的数学活动，数学课无疑应该成为幼儿发现数学问题的平台。教师应根据不同的数学学习内容，引导幼儿发现、提出不同的数学问题。例如，关于数概念的内容，可以引导幼儿从数的产生、数的意义、数的应用等角度去发现数学问题。关于计算的内容，可以引导幼儿从计算的意义、计算等方面的方法、计算能帮助我们解决生活中的哪些问题去发现问题。关于图形的内容，可以引导幼儿从图形的特征、与别的图形的联系与区别、在生活中哪些地方见到过这类图形等方面去发现数学问题。关于量的内容，可以引导幼儿从量的类型、量的判断方法、量的相对性等方面去发现问题。

幼儿数学活动中的问题发现，要求教师应把发现数学问题贯穿于数学活动的始终。在数学活动的开始阶段，教师可以通过创设情境，引导幼儿主动地去发现问题、猜测问题、提出问题。在实施阶段，应引导幼儿对活动中观察到的事物和现象、遇到的问题和困惑、产生的矛盾和冲突进行提问。在结束阶段，应引导幼儿对活动的过程、探索的情况、获得的结论、产生的疑问进行提问。

幼儿数学活动中的问题发现，要求教师应根据教学内容的特点，利用声音、实物、模型等刺激幼儿的各种感官，从不同直观角度发现、提出问题。要求把幼儿带入问题解决的再发现过程中，有意变换问题背景，改变图形的位置，引发感知变化，刺激幼儿不断发现新问题。例如，在大班学习加减活动中，教师可以利用多媒体的手段，为幼儿创设最佳的"视听"情景，引导幼儿通过看、听、说等活动，发现和提出他们想知道的问题。如：刚才看到、听到的有几种动物？每种动物有多少？哪些动物是走（跑、飞）掉的？哪些是增加的？应该用什么方法计算？哪些动物多？哪些动物少？等等。

（三）通过实践活动发现问题

我们知道，能力是在实践中形成的，智力是在实践中发展的。如果削弱了幼儿的实践活动，那么培养能力和发展智力的任务就难以实现。同样的，幼儿发现数学问题能力的培养也离不开各种数学实践活动。正如苏霍姆林斯基在《给老师的建议》中写道："获取知识——这就意味着发现真理、解答疑问。你要尽一切力量使你的学生看到、感觉到、触摸到他们不懂的东西，使他们面前产生疑问。如果你能做到这一点，事情就成功了一半。"这也就清楚地告诉我们，要想培养幼儿发现数学问题的能力，就得让幼儿"下海"深探，发现珍宝。

幼儿少问，往往觉得没什么问题可问，原因之一是幼儿缺乏必要的实践活动。有句话说，知识之岛越大，好奇的海岸就越长。当幼儿的活动面、接触面越广，其发现问题的可能性就越大。实践活动是幼儿形成问题的基础和源泉。增加幼儿的实践活动，可以使他们从中受到一定的启发，从而多发现问题、多提出问题。因此，教师要时刻提醒幼儿不论是在生活实践、课堂教学，还是在实验操作过程中，对一些事物、现象、做法进行大胆地质疑，从中发现其存在的问题，并把这些现象、疑问、困惑及时地与同伴、老师交流。因为困惑的产生，常常是一瞬间的事情，要学会留住困惑，就能提出不少有价值的问题。要留住困惑，不仅要有强烈的好奇心，更要善于用自己的话，把困惑记下来、说出来。这样，问题就会源源而来。小疑则小进，大疑则大进，日积月累，就能使幼儿养成提问的习惯。

（四）通过生活活动发现问题

实现"数学回归生活"，是幼儿数学教育的必然。幼儿生活的物体世界都有一定的数量、一定的形状、一定的大小，并以一定的空间形式存在着。这些数学内容及其表现形式为幼儿发现数学问题提供丰富的源泉。只要教师有意识、有目的地加以利用，便可使幼儿在既轻松又自然的情况下发现数学问题，获得简单的数学知识，并让幼儿体验到数学就在身边，学习数学对于生活的意义。如通过引导，让幼儿学会发现生活中诸多的数学问题：门牌号"403"是什么意识？为什么要这样写？生活中有哪些球体？为什么足球、篮球要做成圆的？超市里的东西为什么要排成一排一排？等等。

作为一名幼儿教师，应自觉地引导幼儿用数学观点去认识自然、研究自然，引导幼儿用数学知识去解决生活中的问题。无论走到哪里，无论碰到什么问题，都要想一想：这里有没有与数学相关的问题？如果有，这是一个什么样的数学问题？能用什么样的数学知识去解决？我如何把数学应用问题设计成幼儿可探索的开放性问题？等等。

（五）通过相关领域发现问题

马克思说过，科学的最高形式是数学。自然科学、社会科学乃至哲学、艺术的发展过程产生了许许多多的数学问题，而数学问题的发现和解决又反过来推动了相关学科的发展。引导幼儿在相关领域的学习中发现数学问题，是领域教育的必然，也是数学教育的要求。科学的发展趋势之一是学科之间不断走向融合。这种融合决定了学科的教育必然存在着许多数学的因素，出现许多数学的问题。因此，要求教师应引导幼儿学会用数学的思维去观察问题、提出问题、分析问题、解决问题，要求教师实现数学教学由数学领域向非数学领域的迁移，最大限度地发挥数学对于其他领域或学科学习的促进作用和对于提高幼儿综合素质的作用。

物质世界是有机统一的一个整体，反映物质世界统一性的各领域知识应是有机联系、密切联系的。在各领域的教学中有意识地引导幼儿去发现数学问题就是这种密切联系的重要表现之一，也是整体性发展教育的内在必然要求。它要求教师在进行某个领域教育活动时，不仅要有本领域的教育意识，也要学会从数学的角度去发现数学问题，认识数学问题的价值。这种数学教育虽然不具系统性，甚至带有随机性，但它化整为零，化抽象为具体，使得数学教育更生动、更自然、更灵活，也更容易被幼儿接受。

实际生活是幼儿园课程的全部，将数学探究扩展到更大的范围，使自然、社会与数学等领域教育有机地结合，互相弥补，互相促进，一种全面的、立体的、多角度的探究系统就会逐渐建立，也就实现了数学课程的开放性、学习方式的多样性、学习过程的灵活性。也就为幼儿数学问题的发现提供更加广泛的前景。

发现问题是科学研究的起点，发现问题是幼儿数学学习的开端。传统的幼儿数学教育始于解决问题，也终于解决问题。这样的教学缺少了幼儿发现问题的环节，是不完整的数学学习过程。由于没有经历数学问题的发现过程，不了解数学问题的来龙去脉，幼儿不仅失去了解决问题的实际背景，不利于对数学问题的理解和解决，还失去了数学问题的"再发现"和"再创造"的过程，体验不到数学学习的意义和价值。因此，幼儿数学教育应把这一环节补上去，让幼儿经历完整的数学学习过程，使幼儿的数学学习过程不留遗憾。

参考文献：

[1] 吉尔福特.创造性才能[M].北京：人民教育出版社，1991.

[2] 陈丽君,张庆林,蔡治.问题发现研究述评[J].心理科学,2005,(4).

[3] 林崇德.发展心理学[M].北京：人民教育出版社，1995.

[4] 陈丽君,张庆林.儿童问题发现能力及其元认知特点的实验研究[J].内蒙古师范大学学报（教育科学版），2005,(8).

[5] 夏从亚,刘国红.论科学问题的发现与提出[J].山东师范大学学报（人文社会科学版），2010,(2).

共享经济视角下的幼儿园区角材料共享

陈锦锐　王　冉

（华中师范大学教育学院，湖北武汉，430079）

> **【摘要】** 共享经济（亦称分享经济、合作消费）是通过互联网平台将商品、服务、数据或技能等在不同主体间进行共享的经济模式。面对幼儿园区角材料投放不充足、不适宜、不灵活的现状，共享经济其成本低廉、资本高效、灵活性强等特点得以凸显，从扩大区角材料获得渠道角度来弥补现今幼儿园区角材料投放不科学的缺陷，使材料更加符合幼儿需要，更加适宜幼儿发展，从而提高教育质量。
>
> **【关键词】** 共享经济；区角材料；共享启示

区角活动指教育者在一定的时间和空间内为幼儿提供丰富的操作材料，由幼儿根据自己的兴趣与能力挑选材料，自主决定活动时长、活动方式、活动内容，从而实现教育目的的一种教育活动方式。它是教育者创设自然情景下的幼儿游戏，一方面为幼儿的自发性活动提供材料，一方面又渗透教育目的的要求。区角活动的开展离不开材料的投放，是影响整个教学效果最为关键的因素，也是幼儿探索性学习发展的重要媒介。[1]但在实际的教学活动中多样材料的收集需要花费教师大量时间和精力，受客观因素限制教师往往不能保证投放种类多样的材料以满足儿童的兴趣和需要。现今幼儿园存在一味投放容易获得、价格便宜但无法帮助幼儿构建知识体系的区角材料的情况，部分幼儿园甚至处于区角材料长期不更换、幼儿无物可玩的尴尬现状。如何高效低成本获得丰富、适宜的区角材料是现今幼儿园亟待解决的问题。

一、共享经济为幼儿园区角材料流动提供新视角

随着实践的不断深入，共享经济已经渗入到居民生活的方方面面。[2]共享经济主要的理念是一种"合作消费"的生活方式，其主要特点是个体借助第三方创建的网络平台，交换闲置物品，分享经验知识，或者向企业、某个创新项目筹集资金。[3]共享经济是在利益驱动下对个人所拥有的闲置资源的分享，分享的内容是资源的使用权分享利益的归属，通过所有权来判定。共享经济的具体模式包括租赁、易物、借贷、赠送、交换以及合作组织等共享形式。[4]在共享经济模式下，资源以高速发展的信息技术为支撑，在材料拥有者和材料需求者之间实现无中介地快速对接，实现所有权与使用权的分离。幼儿园区角材料可以在这种经济模式下进行共享和租赁，可以二手转让使得区角材料再流通，也可以扩展到技能共享范畴。幼儿园可以利用共享经济成本低廉、资本高效、灵活性强等特点来最大限度获得产品的使用价值，丰富幼儿园的区角材料。

随着世界范围内信息物质资源共享范围的扩大和物流的发展，实现幼儿园区角材料优化配置是区角材料共享的目的，也是各材料拥有者参与合作的前提和基础。幼儿园区角材料实现优化配置需要重点解决以下问题：（1）参与共享的各类型区角材料的利用率问题。（2）参与共享区角材

作者简介：陈锦锐（1995— ），湖南常德人，华中师范大学学前教育专业硕士研究生；王冉（1995— ），湖北十堰人，华中师范大学学前教育专业硕士研究生。

料是否能够满足幼儿园的个性化需求问题。(3)区角材料共享系统是否能够建立相对完善的信用体系、监督体系、评价体系以及安全卫生保障体系问题。

二、共享经济视角下幼儿园区角材料共享要素

(一)共享平台

要想实现幼儿园区角材料大范围的交换和共享,需要一个专门为幼儿园区角材料而设置的共享平台(在何处进行共享)。平台为区角材料提供者在互联网、货物流通、卫星定位高速发展的条件下直接向幼儿园提供材料或服务,满足参与区角材料共享的供需双方接入一个实时更新的提供动态定价、信用评价和双向约束的互联网平台,形成一种社会群体化合作网络。[5]幼儿园区角材料也是商品。共享平台的创建有利于幼儿园及时掌握所需要区角材料的相关信息,通过共享平台将发送出的供需信息进行重组,由共享平台进行区角材料优化配置,从而保证区角材料的实际利用效率,也满足了不同幼儿园个性化的材料需求。

(二)共享内容

想要实现幼儿园区角材料共享还需明确在共享平台上共享的内容(将什么进行共享)。共享内容不仅包括玩教具材料本身的共享,还可以将相关操作方案、相关主题活动设计以及相关操作技术进行交换。由于不同于传统共享资源,幼儿园区角材料除了材料本身的使用价值之外还承担着一定教育价值,其教育价值体现在该材料的操作时机、操作方法、操作任务以及最终对幼儿产生的作用等,就需要材料提供者在共享平台上说明材料具体操作步骤、适合用于何种类型的主题活动、教育教学方法及其注意事项。一些专业水平较高的区角材料也可以在平台上共享操作技术和相关操作人员,即为技术共享。只有这样才能不局限于材料本身,更深层次的共享内容才能实现材料实用效率最大化和教育价值最大化。

(三)共享主体

要想实现幼儿园区角材料的共享,需要对共享主体进行界定(与谁进行共享)。从分享经济的视角看,只有共享平台参与者越多,提供的材料越多才能构建一个相互吸引、联系紧密的双边市场。[6]幼儿园区角材料的共享主体应扩大到公办幼儿园、民办幼儿园、政府、军区、企业、社区附属幼儿园等各类幼儿园,应扩展到蒙氏园、地方特色园等不同教学方法幼儿园,应扩大到东南西北不同地区幼儿园,南北兼顾,东西合作,建立全覆盖共享网络,促进不同地区不同特色区角材料的交流与借鉴。区角材料的共享也不能局限于幼儿园之间,只要是拥有材料或有材料需求的个人或机构都可以参与进来。在共享经济中,生产者与消费者的身份往往是可以相互转换的,参与者由幼儿园和其他用户共同构成,将其他用户和幼儿园的单位潜能和价值最大化发挥。

三、共享经济视角下幼儿园区角材料共享策略

(一)树立共享理念

幼儿园区角材料共享的实现需要在材料共享范围内树立共享理念。这种经济以"我就是你的;占有不重要,享有更重要;消费不重要,物尽其用更重要"等为基础。[7]在区角材料共享范围内树立共享理念,可以将各分享主体的闲置材料盘活,提高闲置资源的利用效率,也可以满足那些资金不充足的幼儿园的需求。

(二)供需双向整合

幼儿园区角材料共享平台要实时更新用户的供需求信息,及时整合碎片化需求信息。幼儿园区角材料共享绩效的充分发挥,依赖于用户碎片化需求的充分满足和闲置区角材料的盘活,需要双向整合资源,释放碎片化需求和闲置资源的价值。[8]如显示区角材料最近供给地,当所需区角材料紧缺时,推荐与该材料价值相当功能相近的替代材料,规划最优配置路线等。对幼儿园而言,整合各幼儿园个性化需求,这个共享平台应以整个覆盖地区角材料资源的共享系统为支撑,优化配置材料,整合用户需要。

(三)材料共享评估机制

幼儿园区角材料共享最为重要的一部分就是建立起一套完备的材料共享评估机制。其中包括材料的实际利用效果、基于共享平台的服务能力以及供需双方的互评机制。首先,要对共享的区角材料以及配套的教育教学方法是否满足需要、是否真正发挥教育价值、可否实现教育目的进行评估,评估内容可以是幼儿的操作体验、教师的评价以及幼儿园管理者的建议等。其次,要对共享平台在材料信息共享和有效配置中的接入能力和服务能力进行评价。最后实现供需双方的互评机制,为用户下一次共享提供更加优化的服务,实现材料在教育环境中的融入。

(下转第19页)

童心玩数学，让生活走进"童玩数学课程"

朱丽芳

（江苏省张家港市暨阳幼儿园，江苏苏州，215600）

> 【摘要】"生活即教育"，教育源于生活。幼儿的生活离不开玩，要让孩子在丰富多彩的玩中学习，将玩的教育意义释放出来。要引导儿童探究生活中的话题，让他们自己动手动脑去做、去探索、去得出结论，教育的意义就藏在幼儿五花八门的生活里。"童玩数学课程"的核心是关注儿童的需要和兴趣，关注儿童发展和学习的规律和特点，实现数学性和生活性的贯通融合、多种活动形式的相互融合、数学知识点之间的有机融合，让儿童数学学习变得更生动有趣高效。
>
> 【关键词】 生活 "童玩数学课程"

教育家陶行知先生在其教育理念"生活即教育"中提出，生活承载着教育的意义，人只要生存便在接受教育，生活与教育不可分割，相伴相生。有生活就有教育，生活过程就是接受教育的过程。同时，教育以生活为中心。教育源于生活，在改造生活的实践中发挥积极作用。《指南》数学认知部分提出的第一个目标就是"初步感知生活中数学的有用和有趣"。因此，我们的"童玩数学课程"，强调幼儿广泛关注其生活的环境，对周围的事物具备广泛的兴趣。

一、释放"玩"的教育意义

玩，是孩子的天性，同时是对生活教育的回归，也是对深度学习的一种探索，是一种学习的理想状态。陶行知先生提出："生活教育是给生活以教育，用生活来教育，为生活向前向上的需要而教育。生活决定教育，教育要通过生活才能发出力量而成为真正的教育"。

幼儿在幼儿园和家庭中就是处在自己的生活世界中，在过着自己的生活。这种生活不应该是别人强加的，而应该是幼儿乐于沉醉其中的。生活中，幼儿用五六块砖围成一个圆，放上一个纸盒，开始做饭；用各种形状的积木叠高、架空、搭起了城市高架；一树花开，幼儿数一数花瓣有几片，量一量树有多高多粗……幼儿玩的游戏非常重要，因为所有的学习都出自于此；而目的性太强的教育只有压迫的感觉，使孩子唯恐逃之不及。幼儿在玩的时候，学的东西都是最好的，缘于幼儿完全自由放松的学习状况。

"童玩数学课程"核心内涵重在"数学是好玩的"，幼儿在大自然、大社会中寻找数学元素，公园里的数学、马路上的数学、图书馆里的数学、超市里的数学……幼儿在家里，和爸爸下棋、和奶奶剥豆、和妈妈做饼干，在亲身实践、动手操作中不知不觉地理解了数的概念、逻辑的推理等问题。在幼儿园里，幼儿在"好玩"的数学游戏中，从多个角度去思考数学问题。

二、生活中蕴藏的教育意义

幼儿的数学知识大量来源于实际生活。早餐时喝1杯牛奶，吃2片面包、4个小番茄；妈妈穿大鞋子、宝宝穿小鞋子；坐10路公交车上幼儿园，十字路口红绿灯倒计时……陶行知的"生活即教育"理念强调了生活的教育意义。

"童玩数学课程"课程设置了能够激发儿童探究的话题和研究项目，为儿童的自主探究留下

作者简介：朱丽芳（1971— ），江苏张家港人，江苏省张家港市暨阳幼儿园高级教师。

广阔的空间。让他们自己"动手动脑"去做去探索，去得出结论。在"小果果乐趣多"微课程中，由一次偶然的分苹果经历，引发了幼儿对水果形状的好奇，通过一系列的活动，发现香蕉切出了五边形、芒果切出了椭圆形、橙子切出了扇形……于是，水果的颜色、味道、购买计划、做好看的水果拼盘等都列入了幼儿的探索范围。小小的水果，激发了幼儿在生活中主动学习与探究的兴趣和愿望。学习过程是儿童用"调查""实验""探索""讨论""服务""辨别""创造""表现"等多种方式去感受、体验、领悟与表达的过程。儿童在对自然事物的探究和运用数学解决实际生活问题的过程中，不但获得丰富的感性经验，充分发展形象思维，而且初步尝试归类、排序、判断、推理，逐步发展逻辑思维能力，为其他领域的深入学习奠定基础。

课程内容来源于生活，从而选择了与儿童生活关系紧密、切实需要的内容。比如"我们在菜场"童玩课程中，幼儿发现在菜场里藏着许多有关数字和数学的小知识，不同的数字表示着不同的意义。38表示八爪鱼的价格，040表示菜场摊位的号码；老奶奶称菜的秤和阿姨称菜的秤是不一样的……当幼儿在选择自己要买的菜时，发生了争执："西红柿是35元呢？还是3元5角呢？"经过调查询问终于知道了"小数点前表示元，小数点后面表示角"……在菜场里发现了很多疑问，发生了有趣的故事，引发了幼儿的综合学习和思考。儿童都有对世界的惊奇和探究，对自身、他人、社会的困惑和解答。我们设计"童玩数学课程"时，致力于儿童的认知、体验、思考、欣赏、反思、移情等心理结构的综合参与、全身心投入，使得孩子们情智的触角充分舒展，得以全面地感知和提升。

三、给儿童怎样的课程，就给了怎样的童年

"童玩数学课程"的核心是关注儿童的需要和兴趣，关注儿童发展和学习的规律和特点，实现数学性和生活性的贯通融合，多种活动形式的相互融合，数学知识点之间的有机融合，让儿童学习数学变得更生动、更有趣、更有效。

围绕这个核心，"童玩数学课程"的实施五步曲，包括计划与决策、探究与表征、寻访与体验、回顾与反思、评量与收藏。这五个过程是相互融合、相互渗透的。

第一部曲：计划与决策。在这个阶段，教师与幼儿共同确定主题，内容来源于幼儿生活，从幼

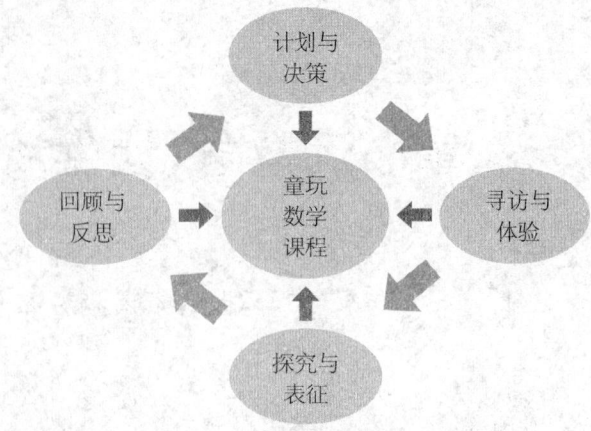

图1 "童玩数学课程"流程图

儿已有的经验、兴趣、需要出发，教师与幼儿充分讨论、计划及决策。如，数学课程"我是整理小能手"就来自幼儿的一日生活中的事情。很多时候孩子都不会整理物品，看过的图书常常会东倒西歪，午睡时衣服裤子揉成一团，孩子的储物小抽屉更是凌乱不堪……教师选择的主题是来自幼儿生活中出现的问题，"东西乱了怎么办？哪些东西是我们必须要整理的？""用什么方法能把物品整理得又快又整齐呢？"在师幼交流互动中，一起分析问题，尝试寻找解决问题的办法，积极引导幼儿根据自己的疑问展开探究。

第二部曲：寻访与体验。幼儿的数学知识大量来源于实际生活。在"小果果乐趣多"的课程中，幼儿通过切切水果发现长长的香蕉变成了五边形、圆圆的橙子里藏着扇形；不同的颜色的水果可以排序组合成美丽的拼盘；一样重量的水果榨出的果汁分量不一样……生活中的经验积累是随机、自然地发生的，生活中遇到的问题是真实、具体的，最容易被幼儿所理解。在真实生活中解决真实的问题，这种方式能让幼儿带来真实的成就感，才能让幼儿真正理解数学和生活的关系，体会到数学的有用，激发他们学数学、用数学、爱数学的动机。

第三部曲：探究与表征。进入这个阶段是幼儿主动探索和深入学习的阶段。生活中时时处处都有数学，但对幼儿来说，自发地发现并关注生活中的数学是有一定难度的，需要成人适当有意识地引导与解释。教师通过一日常规、墙面布置、区角材料、室内外游戏等多种途径的渗透，让幼儿在显性或隐性的数学环境中，发现数学的趣味与魅力，获得数学的体验与经验，在生活中丰富数学知

识,运用数学解决生活中的问题。在此过程中,教师通过与幼儿一起调查与访问、记录与说明、操作与探索等方式开展学习,用图文、照片、实物和视频等方式记录下孩子们的研究过程。

第四部曲:回顾与反思。帮助幼儿总结和提升经验,激发他们主动学习的热情。通过回忆,让幼儿在脑海中再现自己的学习过程,发现自己在探究过程中有价值的经验,或发现忽略的问题;通过分享交流、提问讨论,对幼儿提供有效的支持与帮助。比如,在"超市中的数学"微课程后,教师在进行10以内加减运算的教学过程中,出示了10-6=4这道算式后,一位幼儿用超市购物的情境来说明算式表示的含义:"我有10元钱,在超市买了一包饼干,花了6元钱,还剩下4元钱。"这时,教师继续鼓励引导幼儿根据自己的生活经验讲述事情,说明这道算式的含义。另一位幼儿说:"超市的架子上有10盒酸奶,我和妈妈拿走了6盒,还有4盒。"在教师的引导下幼儿学习用同一道算式10-6=4表示这两件事情中相同的数量关系,这会让幼儿更清楚地理解算式中每一个数字及运算符号的意义,理解算式所具有的抽象意义,让幼儿体会数学在生活中无处不在。

在幼儿眼里,生活是有趣的,数学是好玩的。在"好玩"的数学课程中,我们不仅仅推进认知,更多的是使幼儿建立与自己发展水平相匹配的概念体系,从而有能力、有兴趣去解决生活中和数学有关的问题,并进而转移到其逻辑思维的建构中。让幼儿学会用数学问题解决者的眼光来看待生活中的现象,从而培养出创造能力、合作能力、动手能力、交流能力和规则意识等。更重要的是,他们回归儿童的天性,开始"玩"并"会玩",且"快乐地玩"。

参考文献:

[1] 张俊.幼儿园数学领域教育精要[M].北京:教育科学出版社,2015:12.

[2] 宋宜,霍力岩.儿童主题博物馆[M].北京:北京师范大学出版社,2016:2.

[3] 温剑青.童心玩数学[M].上海:少年儿童出版社,2015:4.

[学术动态]

第三届"回归儿童"教育论坛暨哲学与幼童国际学术研讨会在杭州召开

2018年8月21日—23日,由中国学前教育研究会基本理论专业委员会主办、浙江师范大学杭州幼儿师范学院承办的第三届"回归儿童"教育论坛暨哲学与幼童国际学术研讨会在浙江杭州召开。会议旨在全面总结三十年来儿童哲学在理论和实践领域的经验和贡献、反思问题与挑战,推动儿童哲学、儿童教育哲学的进一步发展。来自国内外专家、学者、一线教育工作者共二百余人参加了本次会议。

会议围绕"儿童哲学的理论前沿与实践反思"主题,从"儿童哲学的内涵与课程构建""儿童哲学发展与东西方文化""儿童哲学的方法与主场""幼儿园、小学实践专场"等四个论题展开。英国儿童哲学研究中心主要创始人、国际儿童哲学协会主席罗杰·萨特克里夫Roger Sutcliffe,澳大利亚墨尔本理工大学教育与艺术学院助理教授珍妮特·普尔顿Janette Poulton,华东师范大学教育学部教授、中国学前教育研究会基本理论专委会主任刘晓东,台湾辅仁大学哲学系潘小慧教授,浙江师范大学杭州幼儿师范学院副院长王春燕教授,杭州师范大学教育学院高振宇博士等专家学者分别作了精彩的主题报告。

论幼儿园科学教育中幼儿的核心素养及其培养

樊静雨　邵小佩

（重庆师范大学教育科学学院，重庆，401331）

【摘要】　幼儿园科学教育中幼儿的核心素养是一个亟待被关注的话题，本文通过对幼儿园科学教育中幼儿核心素养进行内涵的界定、表现的梳理和价值阐述，明确幼儿园科学教育中幼儿核心素养培养的必要性。在此基础之上，提出几点落实素养培养的方法与策略。

【关键词】　科学教育；核心素养

"核心素养"是国内外近年来研究的热点，也是当前推进我国教育改革的重要内容。核心素养是个人价值与社会价值的统一，不仅以学生的发展为根基，对学生今后的成长和学习有极大的价值与意义，还是推动社会全面发展、提升国家人才核心竞争力的重要因素。核心素养的培养是一个通过后天学习而来的过程，其培养应该从幼儿阶段抓起。科学教育作为幼儿园课程的重要组成部分，也是幼儿核心素养培养的重要组成部分。

一、幼儿园科学教育中幼儿核心素养的内涵

素养是什么？台湾中正大学蔡清田教授认为，素养是个体在面对生活情境中的实际问题与可能的挑战时，能运用知识、能力与态度，采取有效行动，以满足生活情境的复杂需要，达成目的或解决问题，是个人生活必需的条件，也是现代社会公民必备的条件。[1]对于素养的解释有助于更好地理解什么是核心素养。关于核心素养的内涵，南京师范大学李艺、钟柏昌教授认为，核心素养有三个层面："底层是以基础知识和基本技能为核心；中间层是以解决问题过程中所获得的基本方法为核心；最上层是以初步得到认识世界和改造世界的世界观和方法论为核心。"[2]北京师范大学林崇德教授认为，核心素养是"学生应具备的、能够适应终身发展和社会发展的必备品格和关键能力"，也是"关于学生知识、技能、情感、态度、价值观等多方面要求的结合体"。[3]杭州师范大学张华教授认为，核心素养是"人适应信息时代和知识社会的需要，解决复杂问题和适应不可预测情境的高级能力与人性能力，其核心是创造性思维能力和复杂交往能力"[4]。

基于以上学者对核心素养内涵的界定可知，核心素养强调"认识世界和改造世界的能力""发展的必备品格""解决问题的能力""人性能力"等。由此，幼儿园科学教育中幼儿的核心素养指出：学前儿童在幼儿园内通过一系列科学探究活动后逐步形成的适应终身发展和社会发展的关于科学态度、科学精神、科学方法、科学知识、科学技能等的综合表现。其核心是培养幼儿的科学态度与精神。对科学教育中核心素养的内涵可以理解为：第一，它的发展是通过幼儿后天对科学教育的学习获得的；第二，它由多个方面构成的，主要包括情感、方法、知识方面；第三，它是一种综合表现，除了培养幼儿的科学态度与精神，也在科学探究过程中培养了幼儿的交往能力与解决问题的能力。这其实是一种综合能力的培养，科学教育中培养的幼儿的综合能力是幼儿各个领域发展所必备的。

二、幼儿园科学教育中幼儿核心素养的表现

林崇德教授在《中国学生核心素养研究》中指出核心素养分为六个部分：人文底蕴、科学精神、学会学习、健康生活、责任担当、实践创新。[5]在《幼儿园教育指导纲要（试行）》（以下简称《纲要》）中科学领域的目标是："对周围的事物、

作者简介：樊静雨（1995— ），重庆人，重庆师范大学在读硕士研究生。

现象感兴趣,有好奇心和求知欲;能运用各种感官,动手动脑,探究问题;能用适当的方式表达、交流探索的过程和结果;能从生活和游戏中感受事物的数量关系并体验到数学的重要性和趣味性;爱护动植物,关心周围环境,亲近大自然,珍惜自然资源,有初步的环保意识。"[6]不难看出,《纲要》基本体现了核心素养的宗旨。根据核心素养的六要素和《纲要》的目标,幼儿园科学教育中幼儿的核心素养主要表现为幼儿对科学探究的态度、精神、方法和能力。

(一)幼儿对科学探究的态度

幼儿科学探究的态度包括幼儿对科学探究的兴趣、好奇心、责任心、合作精神等,其中兴趣与好奇心是科学教育中应该主要培养的。我国《3—6岁儿童学习与发展指南》(以下简称《指南》)中提到:在幼儿的科学教育中,核心是激发幼儿对科学探究的兴趣,体验探究过程,发展初步的探究能力。[7]可见,幼儿对科学探究的欲望、兴趣在幼儿科学学习中占据非常重要的地位。兴趣是幼儿学习的好老师,注重兴趣的培养有利于引导幼儿学会学习,兴趣的培养需要结合幼儿的身心发展特点和年龄特点,利用对幼儿多感官的刺激进行教学,并注意环境创设的科学性和教师对幼儿积极鼓励。幼儿科学探究以合作学习为主,这时就需要幼儿具有责任心与合作精神。在合作的过程中,幼儿与教师的交往合作和幼儿与幼儿的交往合作都很重要,合作同伴之间应积极互助,建立信任感,进行良好的交流。

(二)幼儿对科学探究的精神

只有当幼儿对科学探究产生极大的兴趣之后,才能使幼儿在科学探究的过程中主动追求理性的科学精神。《科技导报》原副主编蔡德诚提出了六条科学精神的要素:客观的依据、理性的怀疑、多元的思考、平权的争论、实践的检验、宽容的激励。[8]由此可见,科学探究的精神离不开对真理的勇敢追求,求真是追求事物发展的客观规律,幼儿对一件事物进行自主探究的过程就是自己追求真理的过程。幼儿需要对自己的想法不断地进行验证,从而得出结论。幼儿科学探究的精神离不开对权威提出质疑。教师在幼儿科学探究的过程中,幼儿能大胆提出自己的想法,对老师或是同伴所得出的探索结论提出疑问并做出解释。科学精神是科学态度的升华,追求科学精神有利于幼儿把握科学态度、价值观。

(三)幼儿对科学探究的方法

幼儿科学探究中需要的方法主要有:观察、比较、操作、实验。观察是一种有目的的知觉过程,观察的过程强调幼儿在兴趣的基础上有顺序、有重点、多角度地对事物进行观察。有质量的观察可以提升幼儿的观察力,观察能力的提升又能促进幼儿智力的发展。比较是幼儿对两种以上的事物进行异同的寻找,从而得出自己的结论。通过比较可以拓宽幼儿的知识视野。实验是教师根据教学目的,利用科学仪器设备或创造一定的条件,排除外界干扰,人为地模拟自然现象,从而认识事物的方法。实验能培养幼儿的科学思维习惯,提高幼儿的创造力。幼儿通过对探究方法的学习,可以发展其动手能力、思维能力,使幼儿不仅学科学,也在做科学,在动手做的过程中继续发现科学学习中更多的乐趣,从而更加爱科学。

(四)幼儿对科学探究的能力

幼儿的科学探究能力主要表现为幼儿发现问题的能力、分析问题的能力和解决问题的能力。这三个方面的能力体现在科学探究的观察与提问、假设与验证、结论与交流的过程中。观察和提问是探究得以继续下去的前提,能够引导幼儿利用自己的所有感官观察,从而发现事物间的异同与联系,有利于幼儿细致观察力的发展。提问有助于教师了解幼儿想法,有助于幼儿及时进行反思。假设和验证是幼儿科学探究更深一步的探索,幼儿通过假设可以联系已有的概念和所观察到的现象,从而促进概念的转换。幼儿在做出假设后,亲自运用各种方法动手验证。验证作为科学探究的主体部分,能够提高幼儿动手实践的能力。结论和交流是幼儿将收集的资料进行汇总得出结论并且与同伴或者老师进行沟通交流,在沟通中碰撞出新的观点、新的知识。收集资料可以锻炼幼儿处理信息的能力和对实验进行记录、概括、归纳的能力。总之,幼儿园的科学教育是"手""脑""心"三者的有机配合,有助于培养幼儿的创新力与批判力。

三、幼儿园科学教育中幼儿核心素养的价值

探讨幼儿园科学教育中幼儿核心素养的价值,有助于明确幼儿科学教育核心素养培养的发展方向,有助于推进幼儿核心素养的落实。

(一)促进幼儿兴趣、好奇心学习品质的发展

《指南》中明确提出,注重培养幼儿的"好奇

心和学习兴趣、积极主动、认真专注、不怕困难、敢于探究和尝试、乐于想象和创造"等学习品质。由此可见,科学教育中幼儿核心素养的培养有助于幼儿学习品质的培养。《指南》还指出:"重视幼儿的学习品质,幼儿在活动过程中表现出的积极态度和良好行为倾向是终身学习与发展所必需的宝贵品质。"[9]幼儿园科学教育中科学探究是让幼儿体验科学探究过程中所获得的情感乐趣、好奇心,从而激发幼儿学习科学的内驱力。为了培养幼儿兴趣、好奇心等学习品质,教师应当提供新奇有趣的物质环境和舒适安全的心理环境。教师还应当注意观察幼儿的好奇心和兴趣点,提出幼儿感兴趣的问题或者鼓励幼儿提出问题,以问题为线索引导科学教育活动的展开。

(二)促进幼儿思维的发展

思维是一种高级的认识活动,具有逻辑性、严密性、广阔性。幼儿思维的发展影响其推理、判断、理解力的发展。操作和思维发展有着非常密切的关系,幼儿通过自己动手操作,能够发展其独立思考的能力,也可以积累丰富的直接经验。幼儿往往无法区分朴素理论与自己观察到的现象之间的关系,解释和预测有利于幼儿朴素理论和所观察的现象之间的协调,这实质上是一种思维的锻炼。促进幼儿思维的发展,需要给幼儿造成认知上的冲突,让幼儿经过同化和顺应,最终达到平衡状态的内在自我调整。每个幼儿的朴素理论都是有体系的,不容易被轻易改变,所以教学的方法就显得格外重要。教师在科学教育活动中应关注幼儿原有的经验,让幼儿主动发现事物变化的原因及内部联系,体验发现知识的成就感。

(三)促进幼儿实践创新能力的发展

实践创新能力是21世纪的必备技能,是民族进步的灵魂。创新能力的发展基于创新意识的产生。创新意识是人们根据社会生活和个体发展的需要,引起创造前所未有的事物或观念的动机,并在创造活动中表现出的意向、愿望和设想。[10]在幼儿园科学教育中,往往一个有新意的问题就可能成为创新意识的萌芽,想要幼儿问出有新意和有价值的问题就必须最大程度地发挥幼儿的好奇心和想象力,充分尊重幼儿的话语权、行动权,给幼儿充分展示自己的机会。科学需要做中学,鼓励幼儿在科学探究中使用与众不同的新方法,在主动操作的过程中积极地进行探索、创新,为创新意识的培养给予足够的空间。当幼儿有了创新的意识之后,就会为幼儿将来实践创新能力的发展打下良好的基础。

四、幼儿园科学教育中幼儿核心素养的培养策略

教育部在《关于全面深化课程改革 落实立德树人根本任务的意见》中提出:"要组织研究提出各个学段学生发展核心素养体系……各级各类学校要把核心素养和学业质量要求落实到各学科教学中。"核心素养的落实离不开高素质的教师队伍,更离不开课程和教学。

(一)提高教师培养幼儿科学教育核心素养的能力

幼儿园科学教育中幼儿核心素养培养的实施者正是处在一线工作的幼儿教师,其对核心素养的理解程度决定幼儿在教师教育过程中核心素养的培养程度。作为教师必须清楚地知道"核心素养是什么"以及"如何培养"这样的问题。教师要本着核心素养的目标要求,反思自己教学中存在的问题和怎样做才能够更有利于幼儿核心素养的发展。因此,增强教师对核心素养的认识仅是第一步。除此之外,还应提升教师的科学素养,完善教师关于幼儿科学教育的知识结构,提高教师对科学活动评价的能力,加强教师培养幼儿创新意识的能力。幼儿科学教育中核心素养的培养,尤其需要教师有读懂儿童的能力,只有读懂才可以在幼儿科学学习中帮助其在原来的经验上建构新的知识,使每个幼儿在自己的最近发展区内得到发展。

(二)落实生活化幼儿科学教育的课程

生活是教育的基础和源泉,幼儿的科学教育更是如此。幼儿园科学教育课程生活化,即是幼儿园科学教育课程的内容来源于生活,幼儿园科学教育课程的实施也是在生活中进行的。生活化的幼儿园课程的一切活动必然是基于幼儿以往的生活场景和生活经验上的。

科学教育课程的内容是将日常生活中富有价值的内容纳入课程当中。《纲要》指出,幼儿园教育内容的选择"既适合幼儿的现有水平,又有一定的挑战性"。[11]从幼儿生活来选择幼儿感兴趣的内容,可以拓宽幼儿的经验与视野。比如科学课程安排可以依照生活的自然顺序展开,利用节日、时令、节气的变化规律来选择和组织科学教育课程的内容,让幼儿去感受风雨雷电这些自然现象,并且去了解现象背后所蕴含的科学知识。课

程的内容也可以是生成的，教师应该依循幼儿的兴趣点，从自然现象再到光影运动等，给幼儿自主的空间与时间去探索。

在科学教育课程的实施当中，教师应该给幼儿提供丰富多彩、充满刺激的教育环境，从而激发幼儿探索的欲望，引导幼儿发现问题、搜集资料、提出假设、实验验证，让幼儿成为科学教育活动中的主动探索者。幼儿园科学教育的学习应注重幼儿对日常生活不断产生的矛盾冲突。比如幼儿有时看到将鸡蛋放入液体中会上浮，但通常以为鸡蛋放入液体中会下沉，于是产生疑问，这时通过观察鸡蛋放入不同液体中沉浮的表现实验，可以使幼儿了解沉与浮的原理。幼儿园科学课程实施的关键就是通过创设丰富的活动情景，让幼儿在活动中、在操作中、在实践中进行科学的学习，获得更多经验，进而获得个性化的发展。

（三）采用合作式幼儿科学教育的教学模式

传统的科学教学模式剥夺幼儿深度学习、合作交流与体验成功的机会，致使丧失学习兴趣、实践创新能力、与人交往能力等。幼儿的科学学习应该在沟通、交流合作中进行，合作式教学应运而生。

一次成功的合作式科学教育教学的开展离不开教师对教学的精心设计。教学内容的设计要具有趣味性、探究性、适宜性。科学教育合作式教学环节的设计要保证教学的流畅性、完整性和发展性，循序渐进，环环紧扣，教师可以设计一个情境或者以不断提问的方式将教学的每个部分串联起来。科学教育中的合作教学注重幼儿的参与也注重教师的参与，教师虽然并非科学教育的主体，但教师的启发式提问、热情鼓励、巧妙引导都会对幼儿科学教育起到非常重要的作用。教师需要尽可能多地创造幼儿间交流的机会，以各种形式让幼儿汇报探索的结果，鼓励幼儿发表自己对科学探究结果的认识和看法。这个过程可以使其他幼儿发现自己看法与他人不一样的地方，促进幼儿思维、语言的发展。

合作式的教学模式贯穿于幼儿科学教育的每一个环节，也贯穿于科学探究的每一个环节。幼儿科学教育中的合作学习不但促进幼儿之间的相互交流，共同发展，而且促进师幼之间教学相长，使幼儿变得更自信，更热爱学习。

参考文献：

［1］［3］林崇德.21世纪学生发展核心素养研究[M].北京：北京师范大学出版社，2016.

［2］李艺，钟柏昌.谈"核心素养"[J].教育研究，2015，（9）.

［4］张华.论核心素养的内涵[J].全球教育展望，2016，（4）.

［5］林崇德.中国学生核心素养研究[J].心理与行为研究，2017，（2）.

［6］教育部.幼儿园教育指导纲要（试行）[M].北京：北京师范大学出版社，2001.

［7］［9］教育部.3—6岁儿童与发展指南[M].北京：首都师范大学出版社，2012.

［8］蔡铁权.科学教育中科学精神的地位及养成[J].全球教育展望，2016，（4）.

［10］王冬兰.学前儿童科学教育[M].上海：华东师范大学出版社，2010.

［11］教育部基础教育司.幼儿园教育指导纲要（试行）解读[M].南京：江苏教育出版社，2002.

（上接第12页）

参考文献：

［1］王子贤.幼儿园科学教学活动中材料投放研究[C].中国知网硕博论文，2016，（6）.

［2］［4］汤天波，吴晓隽.共享经济："互联网+"下的颠覆性经济模式[J].科学发展，2015，（12）.

［3］Felson, Marcus and Joe L. Spaeth. Community Structure and Collaborative Consumption: A routine activity approach[J]. American Behavioral Scientist, 1978, 21, (3): 614–624.

［5］曹丽娜，于春宏，李若，杨华.共享经济对高校图书馆服务发展的启示[J].内蒙古科技与经济，2016，（18）.

［6］［8］李卓卓，韩静娴，王芳.共享经济视角下的图书馆信息资源共享模式的优化[J].图书情报工作，2016，（17）.

［7］顾丽丽.基于共享经济模式的社区类APP交互界面设计研究[C].中国知网硕博论文，2017，（3）.

论幼儿科学教育与艺术教育的整合

刘志强

（杭州师范大学，浙江杭州，311121）

【摘要】 为了使幼儿园课程符合幼儿"整体性"的学习特点，应该对幼儿的科学教育与艺术教育加以整合。本文站在课程开发的角度，从目标、内容、实施、评价四个方面提出了幼儿科学教育与艺术教育整合路径。

【关键词】 幼儿；科学教育；艺术教育；整合

学科是人类为了教育或发展需要所创设的一种知识范畴的逻辑体系，它与人对自身和客体世界的认识有关，但是这种认识隔离了人类自身的心智结构和客观世界的内部结构及相互联系，因此它不利于人类更全面深刻地理解自身和客观世界。[1]在这方面，科学与艺术的分裂就是一例。在当下幼儿园"五大领域"课程体系中，幼儿的科学教育和艺术教育在两条平行的轨道上运转，分属于不同的学科（领域）。事实上，人们总是能在一件科学产品中发现艺术的美，也能够在一件艺术作品中窥探科学的真。就幼儿的学习方式看，他们认识事物和获取经验的过程具有整体性，[2]不会自发地按照"学科"逻辑看待客观世界。因此，为了使幼儿园课程更加符合幼儿的学习特点，有必要思考如何把科学教育和艺术教育加以整合，使之成为整合课程。整合课程是将两个或两个以上的学科或领域的教育目标和内容综合在一个活动中，其本意是为了使各学科中具有共同性质的成分得到整合，提高教育教学效率，并贴近幼儿"整体的"学习方式。[3]幼儿科学教育与艺术教育的整合，要依据幼儿的身心发展规律和学习特点，把科学教育与艺术教育的诸要素组合起来，使之相互渗透。[4]

一、幼儿科学教育与艺术教育目标的整合

课程目标是构成课程内涵的第一要素，课程内容和课程实施以人们对课程目标的学习、认识为重要前提，课程评价也以课程目标的实现程度为重要依据。[5]课程目标对于课程的内容、实施和评价具有导向作用，在探讨如何整合幼儿科学教育与艺术教育时，首先应从目标的整合着手。

在现有的"五大领域"课程体系中，科学教育和艺术教育是两个不同的学科（领域），各自都有其核心目标。

在幼儿科学教育领域，"科学探究"是极其重要的方面，也是其核心目标。2001年，教育部颁布的《幼儿园教育指导纲要（试行）》指出，幼儿科学教育重在激发幼儿的探究欲望，帮助幼儿学会用多种方法开展探究活动，而学习科学的过程应该是幼儿主动探索的过程。[6]2012年，教育部颁布的《3—6岁儿童学习与发展指南》也指出，幼儿科学学习的核心是激发探究兴趣，体验探究过程，发展初步的探究能力。[7]上述课程文件体现了一种把幼儿科学教育视作科学探究的一种共识。张俊指出，科学的核心在于探究，所以幼儿的科学教育应该十分注重幼儿探究技能的培养。[8]周红也指出，幼儿园的科学教育应该让幼儿在主动探索活动中对科学产生兴趣，形成科学态度，获得科学方法，培养科学精神。[9]因此，把"探究"作为幼儿科学教育的核心目标是具有合理性的。具体而言，科学探究包括探究的基本程序和基本精神。[10]探究的基本程序就是科学探究的方法、流程，它有助于培养幼儿具体的探究能力和解决日常问题的能力。探究的基本精神就是幼儿对于科学探究的兴趣、对待科学真理的态度以及幼儿

作者简介：刘志强（1990— ），浙江杭州人，杭州师范大学硕士研究生。

整体的科学素养等。

在幼儿艺术教育领域，审美和创造是经常被提及的两个方面。《幼儿园教育指导纲要（试行）》指出，幼儿艺术教育是实施美育的主要途径，教师要引导幼儿感受美、表现美、创造美。[11]《3—6岁儿童学习与发展指南》也指出，幼儿艺术教育的关键在于引导幼儿感受美和发现美，并用自己的方式表现美和创造美。[12]刘晓东指出："艺术教育分为审美教育和艺术创造教育，审美教育是艺术创造教育的前提，艺术创造教育是审美的客观化和进一步提升。"[13]黄海涛认为"艺术教育与科学教育融合的共同基础或目标就是培养学生的创造力"，[14]由此特别强调了"创造"这个方面。可见，把"审美"与"创造"视为幼儿艺术教育的核心是适宜的。具体而言，幼儿的"审美"包括其审美态度、审美兴趣与审美能力等方面，而这其中，促进幼儿审美能力发展则是幼儿美育的重要任务。[15]幼儿的"创造"指其在教师引导下喜欢并学会初步的艺术表达与创作，激发自身想象，掌握创造技巧，并将自己的真实想法表现出来，创造性的思维是其核心。[16]

事实上，幼儿科学教育中的"探究"与幼儿艺术教育中的"审美""创造"不仅是各自领域的核心要素与目标，在对方的领域中它们也扮演着不可或缺的角色。一方面，科学中有美的元素，科学的美既包括内在的逻辑之美，也包括外显的形象之美。[17]幼儿在科学教育中不仅获得知识经验、发展探究能力，还可以发现和欣赏科学探究过程中蕴含的美。如在《泥土》这一科学教育活动中，幼儿在制作泥工作品过程中认识泥土的功能和属性，这其中就不仅有"探究"，还有"审美"与"创造"。另一方面，在艺术教育中，当幼儿在进行"审美"与"创造"之前，也需要不可或缺的"探究"环节，如调试颜色、识别图形特征、把握音调与旋律，它们是幼儿成功实现创造性表达的科学经验前提。由此可知，"探究""审美""创造"这三者本就同时存在于幼儿科学教育和艺术教育之中，理应成为幼儿科学教育与艺术教育整合课程的共同核心目标。

二、幼儿科学教育与艺术教育内容的整合

学科领域课程和单元主题课程是两种较为常见的幼儿园课程模式，其中尤以前者为主。"学科领域课程"是以某一学科来组织课程内容；"单元主题课程"是围绕一个中心主题来组织教学。[18]幼儿科学教育与艺术教育内容的整合，应该在现有的两种幼儿园课程模式基础上进行，由此形成两种方式：一是"学科知识渗透式"，即在艺术教育中渗透科学领域的内容，或在科学教育中渗透艺术领域的内容；二是"主题活动融合式"，即课程设计者打破科学与艺术的学科壁垒，将科学与艺术的内容同时融进主题活动之中。[19]

在"学科知识渗透式"中，当整合课程内容时，可以科学和艺术中的一种为主一种为辅，或二者兼顾。在实际操作时，可以首先选定"科学"或"艺术"中的一种作为整合课程的主要载体，然后挖掘另一者的教育价值和资源。如选择科学活动《光》作为整合载体，教师首先从科学的角度引导幼儿探究日常生活中光的来源、种类、作用等基本属性，接着再从艺术的角度引导幼儿探讨和欣赏光的美感、强弱、颜色等，最后让幼儿打开思路，畅想光的各种有趣用途，并用手影、皮影等创造性的艺术手法表现光线与阴影等现象。又如，选择美术活动《太阳花》作为整合载体，教师首先引导幼儿用手掌蘸上涂料，按在纸上制作各种各样的太阳花，然后再用其他材料进行点缀装饰，让作品更美丽，最后教师还可以为幼儿提供太阳花种子和工具，让幼儿亲自探索如何种植太阳花，并观察太阳花的各种真实生物属性。[20]选择音乐活动"懒惰虫"作为整合载体，教师先引导幼儿学唱和欣赏歌曲《懒惰虫》之后，接着带领幼儿一起开动脑筋编排新歌《不当懒惰虫》，最后还能适当延伸，和幼儿一起从科学的角度认识各种昆虫，探索哪些昆虫是"懒惰虫"。[21]

在"主题活动融合式"中，教师需选定一个中立主题，然后从该主题中寻找科学与艺术的双重教育资源，两者所占比例相当，互相渗透，都被视为主要课程内容。如在"冷与暖"这一主题中，教师可以从科学角度引导幼儿探讨"什么是冷"、"什么是暖""怎样产生冷""怎样产生暖"等问题，也可以从艺术角度引导幼儿发现生活中冷暖对应的不同景色，并用创造性的手段来表现冷暖现象。此外，对于一些常见的大自然现象，诸如春日的花朵、夏日的鸣蝉、秋日的落叶、冬日的雪花等，教师既可以从这些现象中挖掘出丰富的科学概念与常识，组织幼儿开展自然探究活动（如"花的秘密""蝉的一生""树叶为什么会落""雪花从哪里来"等），又可以引导幼儿领略大自然之美，开展审美与创造活动（如"花朵写生""寻找好看

的植物""树叶拼贴画""堆雪人"等)。

无论按照上述哪种模式进行幼儿科学教育与艺术教育内容的整合,都应该围绕"探究""审美""创造"三个核心目标进行,使幼儿在整合课程中参与的任何一个活动都不是单纯的科学经验或者审美经验的获得,而是整体的——科学活动的实验包含着对物质或现象的感受、体验、想象和理解,艺术活动的绘画、舞蹈涉及对事物的认识以及相关技术的运用。[22]

三、幼儿科学教育与艺术教育实施的整合

"课程实施是将课程计划付诸教育实践的过程,以达到预期的教育目的和课程目标。"[23]虽然日常生活、游戏、教学、环境、家园合作是幼儿园课程实施的基本途径,但幼儿科学教育与艺术教育整合课程的实施不能简单凭借这些基本途径,而要按照某种方式将其进行一定程度的整合,使之成为"科艺综合活动"[24]。

在"科艺综合活动"中,教师可以借助教学、游戏、区域活动、实地参观、科艺节等多种实施途径。教学、游戏、区域活动、实地参观等虽是幼儿科学教育和艺术教育的常规实施途径,但因幼儿科学教育与艺术教育整合课程的核心目标及特定内容组织方式,使其不再是单一的课程实施途径,而成为构成"科艺综合活动"的有机统一整体。

例如,"我喜爱的小动物"是一个以科学教育为主并在其中渗透艺术教育的教学活动。在实施时,教师首先可以鼓励幼儿和其他幼儿分享自己喜爱的小动物,并在日常生活中探究其生活习性和生物属性,然后教师可以引导幼儿画出自己喜爱的小动物,或者用各种材料创造性地表现小动物,接着可以和幼儿一起创造编排关于小动物的歌曲舞蹈,并在自己编排的歌曲中进行小动物扮演游戏;有条件的情况下还可以带领幼儿前往农场或动物园实地参观小动物。[25]在这种课程实施过程中,生活、教学、游戏、参观等途径都得以运用,且自然而然地联系在一起,实现了有机统一。

又如,"桥"是一个主题教学活动。在实施时,教师可以首先开展教学活动,给幼儿展示各种桥的模型与照片,甚至可以组织幼儿去实地参观真实的桥梁,然后引导幼儿探究并总结桥的类型、材质、用途等科学属性。接下来,教师再从审美的角度来引导幼儿欣赏各类桥梁的形态、样式、装潢等元素,并在探究与审美的基础上更近一步,鼓励幼儿勇于创造与表现,激发自己的想象力,构想桥的多种样式,并在区角活动中灵活运用多种材料与道具,创造属于自己的桥梁。[26]在这种课程实施过程中,教学、参观、游戏、制作等多种活动形式被自然地采用,并有机地融合在一起。

在"科艺综合活动"中,究竟哪一种基本的课程实施途径会被采纳,取决于其是否有助于达成"探究""审美""创造"三个核心课程目标,也取决于其与"学科知识渗透式"或"主题活动融合式"课程内容组织方式是否有机统一。华东师范大学徐韵博士等人指出,教师在"科艺综合活动"中"会为儿童安排生动有趣且易于理解的课程,生动的艺术表现形式使教师能够采取更加多样化的教学手段与方法来吸引儿童,引导儿童通过对知识直观的、系统的理解,逐渐积累综合型的学习经验"。[27]所以,"科艺综合活动"具有很强的趣味性,更符合幼儿的认知与学习特点,也更加能够调动幼儿的积极性,让幼儿主动参与到活动教学中来。

四、幼儿科学教育与艺术教育评价的整合

目标取向和过程取向是幼儿园课程评价的两种基本取向。对幼儿科学与艺术教育整合课程的评价,应对这两种取向进行合理取舍,做到有机整合。

作为目标模式倡导者,美国心理学家泰勒指出,课程评价本质上就是判断课程和教学计划在多大程度上实现了教育目标的过程,而教育目标旨在让学生的行为模式产生期望中的改变,所以评价也就是判断这些行为实际上产生了多大程度变化的过程。[28]这种目标取向的评价将课程的预定目标视为评价的唯一标准,其直接目的就是判断被评价课程计划或教学效果是否达标。[29]泰勒还指出,评估一门课程不能只依据课程结束时对学生的测验,而是要在课程早期进行一次评价,在后期再进行一次评价,这样才能测量出学习者发生的改变。[30]这里的早期评价即诊断性评价,后期评价即终结性评价,所以目标取向评价看重课程的诊断性评价与终结性评价。根据目标模式的课程评价取向,评价幼儿科学教育与艺术教育整合课程时,主要考察的就是幼儿在"探究""审美""创造"三个核心目标上是否有显著进步,其具体方式则要采用诊断性评价和终结性评价两部分。

就"探究""审美""创造"具体内涵看,"探

究"主要包括探究程序与探究精神,"审美"主要包括审美态度、审美兴趣与审美能力,"创造"的核心则是创造性思维。对它们进行评价时仅仅采用目标模式的评价取向与方式是不够的。对于讲求"客观性""科学化""量的研究"的目标取向评价来说[31],一些便于直观量化的内容,如探究程序、审美能力、创造性思维等,是其主要的关注点与评价点,但那些具有发展性、往往是伴随着课程进展自然生成的内容,如探究精神、审美态度、审美兴趣等,则可能是其盲点或忽视点。要想全面评价幼儿在科学教育与艺术教育整合课程中的发展情况,同时应借鉴过程模式课程评价的一些基本取向。过程模式强调课程实施过程的重要性,表现出"不问收获问耕耘"的倾向,其不仅关注"量的研究",而且关注"质的研究",并给予人的主体性和创造性以一定的尊重。[32] "探究""审美""创造"这三个核心目标中那些随课程实施不断发展的内容,恰恰是主张形成性评价的过程模式所极为关注的东西。因此,幼儿科学教育与艺术教育整合课程的评价应该将目标模式和过程模式的基本评价取向结合起来,通过诊断性评价、形成性评价、终结性评价三个步骤系统实施。

这里以主题教学活动"幼儿园里的树朋友"为例进行分析。[33]在诊断性评价中,教师首先要对幼儿有全面的认识,包括幼儿已有的科学艺术经验水平、幼儿在科学艺术领域的兴趣点、幼儿在日常生活中能够接触到的科学与艺术现象,以及幼儿已具备的"探究""审美""创造"能力等,对其初始水平有所了解。在该案例中,教师在课程开始前要了解幼儿认识哪些树木、了解哪些树木的属性、在日常生活中能接触到哪些树木、幼儿有没有自己喜欢的树等问题。在课程实施过程中,教师要跟进开展形成性评价,关注幼儿在探究精神、审美态度与兴趣、创造性思维等方面的变化,以及幼儿的学习效果和表现,以便时刻调整课程安排,提高幼儿学习效率。在该案例中,教师需要观察记录幼儿探究树木各种属性、欣赏树木美感的具体过程和收获,以及幼儿兴趣点的转变,并且收集幼儿创作的关于树的艺术作品,了解幼儿运用的创造方法等。当课程结束后,教师还要对幼儿开展终结性评价,即教师要对幼儿的"探究""审美""创造"水平进行第二次评估,并与诊断性评价进行对比,判断幼儿在这三个核心目标上是否产生了进步。在该案例中,教师再次了解幼儿在上述几个方面的经验变化情况,并观察幼儿是否能用合适的材料来创造性地制作各种树,或者是否会演唱关于树的歌谣等。

在上述评价过程中,教师要善于利用各类观察记录表、发展评价表、综合报告和成长档案袋等工具,将幼儿在整合课程中的一言一行都记录下来,将幼儿的作品收集归类,这将使课程的评价工作更有依据,并提高评价的有效性和持续性,进而让课程评价能够更好地服务于幼儿的全面发展和课程的进一步完善,而这也正是课程评价的最终价值所在。

参考文献:

[1] 孙绵涛.学科论[J].教育研究,2004,(6).

[2] 刘占兰.要了解和尊重幼儿的学习特点[J].幼儿教育,2001,(11).

[3][23] 朱家雄.幼儿园课程[M].上海:华东师范大学出版社,2011:85-86.

[4] 黄海涛.科学与艺术整合教育中幼儿创造力培养的实验研究[J].当代教育科学,2007,(16).

[5] 刘启迪.课程目标:构成、研制与实现[J].课程·教材·教法,2004,(8).

[6][11] 教育部.幼儿园教育指导纲要(试行)[Z].2001.

[7][12] 教育部.3—6岁儿童学习与发展指南[Z].2012.

[8] 张俊.幼儿园科学领域教育精要:关键经验与活动指导[M].北京:教育科学出版社,2015:30.

[9] 周红.把握科学教育的目标[J].早期教育,2000,(21).

[10] 徐学福.科学探究与探究教学[J].课程·教材·教法,2002,(12).

[13] 刘晓东.儿童教育新论[M].南京:江苏凤凰教育出版社,2017:303-304.

[14] 黄海涛.科学教育与艺术教育整合点之研究[J].当代教育科学,2004,(23).

[15] 李英玉.3—5岁幼儿审美能力发展及培养的实验研究[J].教育科学,2007,(6).

[16] 申健强,申利丽.谈在艺术活动中对幼儿创造性思维的培养[J].教育探索,2011,(11).

[17] 刘慧.幼儿园科学教育的价值取向[J].学前教育研究,2011,(5).

[18] 王春燕.对当前幼儿园整合课程的思考[J].早期教育,2003,(8).

[19][24][27] 徐韵,杜娇.从科艺综(下转第28页)

幼儿园开展STEAM教育的切入点及课程设计策略

陈 颂

（徐州幼儿师范高等专科学校，江苏徐州，221004）

【摘要】 在STEAM教育逐渐成为全球性教育战略的背景下，STEAM教育低龄化已经成为发展趋势。我国的学前教育领域应符合这一趋势，加强STEAM教育的研究与实践。幼儿园开展STEAM教育可以科学教育为切入点，并基于幼儿园科学教育的课程现状，进行STEAM教育的课程设计。

【关键词】 幼儿园；STEAM教育

科学技术的不断革新和国际竞争的日益加剧对人才培养提出了更高的要求，教育一直试图通过自身的变革来回答人才培养的问题。目前，STEAM教育逐渐走进人们的视野，逐渐成为知识经济时代的一种全球性教育战略。STEAM教育发源于美国，自20世纪90年代以后，逐渐风靡韩国、英国等国家和地区。2016年STEM被写入我国教育部教育信息化文件，在我国蓬勃发展起来。在STEAM教育发展中，STEAM教育低龄化已经成为发展趋势。研究表明，尽早接触STEM行动或活动积极影响小学生的理解和意向[1]，在小学低年级甚至儿童阶段就实施STEM整合式学习至关重要[2]，越早接触STEM相关领域的活动，越有利于学习者综合能力的发展。[3]我国的学前教育需要符合这一趋势，为STEAM教育的全面开展打下基础。

一、STEAM教育概念

STEAM教育概念来源于STEM教育。STEM是科学（Science）、技术（Technology）、工程（Engineering）和数学（Mathematics）四门学科的简称，强调多学科的交叉融合。STEM教育并不是科学、技术、工程和数学教育的简单叠加，而是要将四门学科内容组合形成有机整体，以更好地培养学生的科学素养、技术素养、工程素养和数学素养，以及综合运用学科知识探究真实世界和解决问题的综合能力、创新能力。STEM教育源于发达国家面对国际人才竞争和经济发展压力下对本国人才培养的反思。早在1986年，美国国家科学基金会发表的《大学的科学、数学和工程教育报告》首次提出将"科学、数学、工程和技术教育进行整合"，这份报告提出的纲领性意见被视为STEM教育的开端。2015年12月10日，奥巴马总统签署了《每一个学生都成功法（ESSA）》，关注可能取得教育进步的关键领域，包括鼓励地方投资和创新以促进STEM教学和学习，确保学生和学校取得成功。这体现了30年来美国对STEM教育的一贯关注和持续投入。

目前，STEM已全方位为美国K12基础教育服务。随着课程的设置以及STEM教育实践研究的开展，为了重视艺术在工程与技术设计中的重要性，STEM课程中又添加了Arts（艺术）类课程，从而成为STEAM教育。STEAM教育定义是以数学为基础，从工程和艺术的角度解读科学和技术，以跨学科的理念将不同类科目整合，为现代社会的发展提供优秀的人力资源支持。[4]在全球开展STEM的热潮下，STEAM教育呈现出更加整合化和综合化的趋势，开始整合更多的学科，例如STREAM（科学、技术、读/写、工程、艺术和数学）教育，"STEM+"（或者是"STEMx"）教育都是新的发展方向。值得注意的是在美国、加拿大和澳洲，都没有一个统一的所谓的国家标准来定义、规范和监督STEM教育。[5]

二、幼儿园开展STEAM教育的切入点

美国《STEM 2026：STEM教育创新愿景》

作者简介：陈颂（1989— ），辽宁昌图人，徐州幼儿师范高等专科学校教师。

报告中提出开展早期STEM教育是未来STEM教育创新的挑战。同样，在我国幼儿园开展STEAM教育也是一项艰巨的挑战。华东师范大学研究者对STEM课程模式应用于幼儿园教育活动的可行性展开调查，调查对象为幼儿园园长及幼儿教师。调查结果表明，STEM课程模式被接受度高，但因缺乏系统的了解与培训，幼儿园管理层和幼儿教师都表示该课程模式在幼儿园的推广存在较大困难，需要获得技术、物资和专业培训上的支持。开展STEAM教育需要结合我国学前教育的实际情况，寻求切入点，以切入点作为"抓手"，推进STEAM教育在幼儿园的开展。寻求开展的切入点，需要分析和厘清以下问题。

（一）直接对接与使用现有的幼儿园STEM教育课程并不可行

借鉴一个舶来品的教育模式，最理想的切入点就是其课程与现有的课程在结构上存在相似和可对接的点，可以通过改变课程来达到借鉴的目的。

以美国为例，在美国STEAM教育当中，项目引路计划PLTW是STEAM课程的主要提供者，在PLTW当中，课程从K5到中学、高级中学，包括了计算机科学、工程学、医学、生物学等多方面的内容，表1为2015—2016年PLTW所提供的K5 STEAM课程及其评价方式表。[6]

表1　K5 STEAM课程及其评价方式表

阶段	过程	方式	类别	课程名称
K5	PLTW LAUNCH	LAUNCH课程计划	K1-K5课程计划说明书	任务计划说明书2015-16 PLTW Launch Module Descriptions Modules Aligned to Kindergarten Standards
		专业发展	PLTW领导教师	
			灵活性学习	
			层级式训练	
			核心训练	
			持续训练	
			学习共同体	
		评价	学生为中心的多方位评价	

从表中分析可知，美国STEAM的课程结构与我国幼儿园实行的五大领域课程从结构上差距较大，直接对接、改变幼儿园现有课程的做法并不可行。

而直接使用现有的幼儿园STEAM课程也面临着诸多问题，我国并没有专门的STEAM师资、培养和培训专门的教师机构。在美国，开展STEAM教育的培训与推广活动具有一定的商业性，成立了相应的公司并且注册了商标，公司不是社会组织，而是以营利为目的的。[7]STEAM教育中教育元素多元、商业化的做法有利于STEAM教育形式的多样化和迅速推进，但导致借鉴和学习STEAM教育的成本增加。在STEAM教育日益国际化的趋势下，国内很多公司开始引进和开发STEAM课程，并且把STEAM课程的开发作为教育投资的新增长点，但这些课程的质量良莠不齐，并不能直接使用。甚至还有"市场上没有一家真正的STEAM教育机构"的呼声，认为市场上的STEAM教育没有对能力的培养和评价体系，没有深度，仅停留在科学实验和教学内容的拼凑层面。国内商业化的STEAM课程还需一段时间的发展期，成熟后才能借鉴和使用。

（二）幼儿园开展STEAM教育需体现理工科的本质取向

关于幼儿园怎样开展STEAM教育已经有了一些探讨和实践，有研究者认为幼儿阶段强调培养STEAM教育所有元素是不合理与不客观的，因此幼儿阶段的STEAM教育必须有所侧重。幼儿阶段直接通过感官认识世界，对于世界的认识基本驻足于直接认识阶段，STEAM教育体系中的Arts（艺术）元素是最适合幼儿感知，最能够和幼儿建立起共鸣的桥梁。[8]比如江苏省某园STEAM教育探索的科学童话剧的形式，就是该观点在实践层面的体现。

目前幼儿园中积极开展STEAM教育探索，但存在误区：将STEAM教育泛化、弱化学科特点、实施的STEAM教育与主题课程不区别、将STEM教育和创客教育混淆等，以上的做法均忽视了STEAM教育理工科的本质取向。

STEM教育提出的直接原因是美国反思理工科人才培养质量的失败，认为是由分学科教育的弊端所导致，提出了S（科学）、T（技术）、E（工程）、M（数学）四个理工科科目整合的教育方式。STEM教育最初始的功能是以理科思维培养理工科人才的教育，后来加入A包含的人文艺术科目，其功能是学生从更多视角认识不同学科间的联系，提高自身综合运用知识解决现实问题的能力，仍然是为培养学生理工科素质服务的。后期将读/写能力"Reading/Writing"加入STEAM教育,强调读写能力是科学、工程和技术教育的重要组成部分,目的是满足高素质专业人士能够胜任撰写报告、实验材料以及与人交流的需要[9]。由此可以看出,STEAM教育培养的目的仍然是培养能综合运用学科知识探究真实世界和解决问题的综合能力、创新能力的理工科人才,理工科的取向是其本质取向。

(三)在比较基础上选择切入点

为了找准STEAM教育的切入点,我们需要将STEAM教育和幼儿园五大领域教育进行比较。我们从以下三个方面进行比较:从构成要素来看,STEAM教育包括S(科学)、T(技术)、E(工程)、M(数学)、A(艺术),A包含较广泛的人文艺术科目,涵盖社会研究(social studies)、语言(language)、形体(physical)、音乐(musical)、美学(fine)和表演(performing),STEAM强调构成要素的整合;幼儿园五大领域教育包括健康、语言、社会、科学包括科学和数学、艺术包括音乐和美术,是针对分科教育的弊端提出的,采用综合课程、主题课程的形式,不强调学科知识的掌握,注重幼儿综合素质的培养,由此可分析出两种教育有重叠的构成要素。从学习方式来看,STEAM教育所提倡的解决问题、设计操作等方法与幼儿园五大领域教育的幼儿学习的方式是一致的。从教育功能来看,STEAM教育有强烈的理工科的取向,培养学生理工科的素质;幼儿园五大领域教育从幼儿发展的各个方面为幼儿的健康成长奠定基础,教育功能是培养全面发展的幼儿,不偏重于某方面素质的培养。

STEAM教育和幼儿园五大领域教育构成要素的相似之处为幼儿园开展STEAM教育提供了可能性。我们再将STEAM教育和幼儿园同样具有理工科培养倾向的科学教育进行比较:STEAM教育包括S(科学)、T(技术)、E(工程)、M(数学)、A(艺术),其中S(科学)和M(数学)已经存在于幼儿园科学教育领域中,并且幼儿园科学教育中S(科学)—M(数学)的整合并不少见,比如以非正式测量的方式测量植物的生长科学活动就是S(科学)—M(数学)的整合结合的典型。而T(技术)在幼儿园科学教育中也有部分体现。我国的幼儿园从20世纪90年代就开始思考技术教育问题。20世纪末开始的STS教育研究内容集中于:认识技术产品,认识和使用工具,科技小制作以及了解科学技术的发展,这部分也属于科学领域学习内容。[10]基于培养取向和教育元素的相似,幼儿园科学教育可以作为开展STEAM教育的切入点,践行STEAM教育的理念。寻找切入点的目的是以切入点为抓手进行幼儿园STEAM教育的实践和探索,以寻求更多的开展路径,但不只是将STEAM教育局限于切入点上。随着研究的深化与发展,开展STEAM教育将会发展出更多推进路径。

三、幼儿园开展STEAM教育的课程设计策略

幼儿园开展STEAM教育是一个系统的工程,需要从政策的顶层设计、经费支持、形成完整的社会网络、有连贯的课程和社会组织机构师资等方方面面进行统筹协调。本文选取课程设计角度分析幼儿园开展STEAM教育的策略。为符合STEAM教育的整合性、情境性、协作性等特点,作为STEAM教育切入点的幼儿园科学教育势必要进行全面的改进与升级。

(一)拓展深化科学领域学习的目标

STEAM教育的核心是跨学科整合,目的是在学科整合过程中培养学生的科学素养、技术素养、工程素养和数学素养,以及综合运用学科知识探究真实世界和解决问题的综合能力、创新能力。作为STEAM教育切入点的幼儿园科学教育需要在幼儿学习目标核心上沿袭同一取向,拓展学习内容、深化学习能力的内涵。

幼儿科学学习的核心是激发探究兴趣,有好奇心和求知欲,这种兴趣是对科学、数学学习的兴趣,是以科学、数学学科角度看待事物的兴趣。同样,作为STEAM教育切入点的幼儿园科学教育的目标核心仍应延续这一取向,培养幼儿对不同学科的学习兴趣,对从不同学科的视角看待事物,并且对理性地思考、解决问题产生兴趣。

幼儿园科学教育的课程内容应结合幼儿学习特点,在充分分析STEAM教育组成要素的基础上进行拓展。STEAM教育中M(数学)是基础,起到了"建模"的基础作用;S(科学)作为STEAM教育的重要组成要素,目的在于培养学生的科学思维;T(技术)提供了工具和手段,支持学生的学习和创造;E(工程)是对已有的物质材料和生活环境加以系统性的开发、生产、加工、建造等,为学生提供了解决问题的途径;A(艺术)提供了看待STEAM教育的新视角,促进学生

创造性科学思维的发展。M（数学）和S（科学）已经在幼儿园科学教育中。对于T（技术），现有的科学课程涉及的部分主要集中在日常常用技术产品、科学小制作，而在如今信息技术背景下，STEAM中的T（技术）更偏向于信息技术。结合幼儿的学习特点，信息技术可作为幼儿了解的部分，从而使幼儿产生对技术的兴趣，且教师也可运用现代教育技术进行教学活动的辅助。对于E（工程），美国于2013年颁布的下一代科学标准（Next Generation Science Standards, NGSS）提出"科学与工程实践"的概念，提出让孩子开展工程活动，最重要的是让孩子在工程活动中发展工程思维，并提出不同年龄段的孩子的工程设计可达到的标准各有不同。K—2（年级）：工程设计过程包括明确问题、寻找想法、形成解决方案、交流方案，这可以证明在幼儿阶段进行E（工程）的学习是可行的并且必要的。对于A（艺术），艺术与科学同属于人的经验，是人的经验的一体两面，艺术对美的诠释与表现有助于培养创造性的科学思维，对处于前运算阶段的幼儿来说，适合作为STEAM教育活动的呈现方式。所以，幼儿园科学教育的课程内容应在科学、数学基础上强调T（技术）和E（工程）的拓展。

幼儿科学教育培养幼儿的探究能力，STEAM教育强调综合运用学科知识探究真实世界和解决问题的综合能力、创新能力。探究真实世界和解决问题的能力已经存在于探究能力之中。但需要注意的是STEAM教育强调的是综合运用学科知识解决生活中存在问题能力。根据2017年《小学科学教育标准》的提法，科学的核心是发现，技术的核心是发明，工程的核心是建造。借鉴这一思路，探究能力应深化为从理工科的角度发现—利用发明—设计建造解决问题的能力。

（二）在核心概念的联系中实现整合

在幼儿园科学教育教学中，有一个明显的转向：教师的教学由围绕生活中真实问题到围绕核心概念组织教学，把生活中的问题作为理解和学习核心概念的途径。核心概念是与幼儿学习水平相适宜的、某一科学基本的、关键的概念，或者是跨越多个学科的重要概念。目前，幼儿园科学教育中科学和数学的核心概念的研究已经相对比较完善，并且已在幼儿园科学教育教学中逐步施行。整合的基础来源于分科，幼儿园开展STEAM教育的课程设计需要以科数核心概念的研究思路对T（技术）、E（工程）进行核心概念的梳理。将核心概念的整合作为幼儿园开展STEAM教育课程建构的途径。将不同学科的核心概念按幼儿年龄班进行梳理，并与幼儿生活中的问题进行联系，用概念实现整合。

有学者将跨学科概念单独提出，使之成为与核心概念并行的概念，认为STEAM教育的整合性需要实现核心概念和跨学科概念的融合。跨学科的概念是指可以应用到所有领域的科学学科中的概念。在美国2013年颁布的下一代科学标准明确地提出了跨学科概念，但该概念并不是该框架首倡的，在《科学素养的基准》《国家科学育标准》以及《大学科学教育成功标准》中都有类似的提法。但跨学科概念的本质上仍是核心概念，仍是通过概念的联系和配合实现STEAM教育。

（三）推进项目学习的广域课程模式

基于项目学习是STEAM教育广受认可的主要实施方式。基于项目学习是指在某一项目任务情境中，让学习者自己去分析问题，在解决问题中构建对多学科知识的深度理解。在解决问题的过程中，学习者利用相关的学科知识，与同伴合作、沟通，提出测试解决方案。在这一过程中，促进学习者综合运用学科知识探究真实世界和解决问题的综合能力、创新能力。目前我国的幼儿园科学教育将科学、数学作为单独的学习学科，在主题下单独开展教育教学活动，并没有开展项目学习，幼儿园开展STEAM教育需要结合幼儿的特点开展项目学习。

STEAM教育的项目学习需要整合课程设计。美国马里兰州州立大学的专家赫希巴奇在其研究中曾把STEAM中的项目学习归纳为相关课程学习模式（the correlated curriculum）和广域课程模式（the broad fields curriculum），相关课程模式将各科目仍保留为独立学科，但各科目教学内容的安排注重彼此间的联系。例如，上工程课可能需要学生预先掌握数学概念，数学和工程教师要通过沟通，将这两次课安排在时间节点相近且数学课教学排在前面。广域课程模式则取消了学科间的界限，将所有学科内容整合到新的学习领域。STEAM教育的广域课程模式不再强调物理、化学甚至科学作为独立的学科存在，而是将科学、技术、工程和数学等内容整合起来，形成结构化的课程结构。例如，教师围绕建构和测试太阳能小车组织课程。在这样的课堂里,教师通过设计太阳能小车,将科学、技术和工程等STEAM学科相关知识均包含在内,让学生通过活动进行学习。无论是相关课程学习模式都是广域课程学习模式,其学习组织形式都是基于项目或者基于活动的学习。因而赫希巴奇同时认为,活动是STEAM课程的有效组织形式。[11]

结合目前我国科学教育课程开设现状,相关课程模式与幼儿园科学教育目前的课程模式很相近,建议将STEAM中数学、科学包含技术、工程看作是单独的教育教学活动,对教育教学活动安排进行详细、周密的协调和计划,就可以实现项目教学的相关课程模式。而广域课程模式打破了学科间的界限,通过活动可使学生在真实情景中进行学习,能充分体现STEAM教育的整合性、情境性、协作性等特点。但如何在打破的学科之间取得平衡、建立新的课程结构对一线教师和政策制定者提出了新的挑战,建议在相关课程模式施行并取得一定成果后开展广域课程学习模式。

参考文献:

[1] Bagiati A., Yoon,S., Evangelou D.et al.. Engineering Curricula in Early Education: Describing the Landscape of Open Resources[J]. Early Childhood Research & Practice, 2010, (2): 1–15.

[2] Andrews, P. Implementing Out-of-School Time STEM Resources: Best Practices from Public Television[J]. Afterschool Matters, 2013, (17): 27–35.

[3] 詹青龙,许瑞.国外STEM教育研究的热题表征与近路预判——基于ERIC(2005—2015)的量化考察[J].中国电化教育.2016,(10).

[4] 赵慧臣,陆晓婷.开展STEAM教育,提高学生创新能力——访美国STEAM教育知名学者格雷特·亚克门教授[J].开放教育研究,2016,(10).

[5] http://aSTEM.com.cn/shownews.asp?id=301.

[6] 李小涛,高海燕,邹佳人,万昆."互联网+"背景下的STEAM教育到创客教育之变迁——从基于项目的学习到创新能力的培养[J].远程教育杂志,2016,(1).

[7] 赵慧臣,陆晓婷.开展STEAM教育,提高学生创新能力——访美国STEAM教育知名学者格雷特·亚克门教授[J].开放教育研究,2016,(10).

[8] 王忆,李佐荣,朱凯,陈思,张望,王伟然,宦键.议幼儿阶段的STEAM学习[J].科教文汇,2017,(3).

[9] 赵慧臣,陆晓婷.开展STEAM教育,提高学生创新能力——访美国STEAM教育知名学者格雷特·亚克门教授[J].开放教育研究,2016,(10).

[10] 张俊,张蓓蕾.幼儿园STEM综合教育——概念、理念及实践构想[J].科学大众,STEM,2016,(12).

[11] B. Y. White. Intermediate Causal Models: A Missing Linkfor Successful Science Education[J]. Advances in Instructional Psychology, 1993, (4); Committee on K–12 Engineering Education.Engineering in K–12 Education: Understanding the Status and Improving the Prospects[M]. Washington D. C.: National AcademiesPress, 2009, 76–77.

(上接第23页)合活动到STEAM教育——对学校教育中艺术与科学融合的本质反思[J].现代教育技术,2017,(11).

[20]《幼儿园渗透式领域课程》编委会.科学·艺术.中班(下)[M].南京:南京师范大学出版社,2009:213–215.

[21]《幼儿园渗透式领域课程》编委会.科学·艺术.中班(上)[M].南京:南京师范大学出版社,2009:117–119.

[22] 黄进.儿童科学教育与艺术教育的分裂及其综合[J].学前教育研究,2005,(5).

[25][26] 柳志红.幼儿艺术教育与科学教育的融合研究[D].南京:南京师范大学,2003.

[28][30] 拉尔夫·泰勒.课程与教学的基本原理[M].罗康,张阅译.北京:中国轻工业出版社,2016:113–114.

[29][31][32] 顾书明.课程设计与评价[M].南京:南京大学出版社,2015:278–279.

[33] 赵旭莹,周立莉.幼儿园综合主题活动:设计技巧与优秀案例[M].北京:中国轻工业出版社,2014:166–176.

课程游戏化视域下冒险性游戏的发展适宜性及实施策略研究

陈晓娇

(扬州大学教育科学学院,江苏扬州,225000)

【摘要】 在当前课程游戏化视域下,从课程游戏化六大支架的角度分析得出冒险性游戏的发展适宜性:有效观察,便于发现幼儿天性;提供开放环境,提高幼儿安全判断评估能力以及良好情绪等游戏能力;注重日常生活体验,促进幼儿经验深化。结合游戏精神总结出实施冒险性游戏的策略:注重儿童自主性,进行真实连续的观察记录;注重儿童创造性,打造自由开放的游戏环境;注重儿童体验性,制定灵活多样的游戏规则。

【关键词】 课程游戏化;户外游戏;冒险性游戏

游戏不仅是幼儿的主要生活方式,更是当下幼儿园课程的主要组织方式。《纲要》中明确指出,"幼儿园教育要以游戏为基本活动"。当前,江苏省正在开展课程游戏化的质量工程项目,并且经江苏省学前教育研学中心专家团集体研究,制定颁布了《江苏省幼儿园课程游戏化项目实施要求(试行稿)》(以下简称《实施要求》)。为了课程游戏化项目的实效性,作为方向性的引领,在项目的启动阶段,更是提出了课程游戏化项目的"六个支架"作为辅助抓手,从而更好地实施此项目。可以看出人们对于游戏的高度重视。课程游戏化所要倡导的究竟是怎样的课程以及游戏理念呢?我们认为课程游戏化的核心就是关注质量,关注游戏过程。而游戏过程最主要的就是蕴含其中的游戏精神——"自主创造体验"。而冒险性游戏因其带有高度参与性等特点恰恰吻合了课程游戏化项目中"六大支架"所包含的游戏理念,本文就以课程游戏化视域下六大支架的角度(选择其中三个支架)分析冒险性游戏与课程游戏化项目的契合性。

一、课程游戏化视域下冒险性游戏的适用性

(一)基于支架一:有效观察,发现幼儿天性

在课程游戏化项目中,支架一的叙述是"通过发现儿童,认识儿童,形成正确的儿童观"。其要求是"发现儿童的兴趣点和能力,而不是去发现问题,也不需要提供帮助,学习做一个忠实的记录者和积极的赞美者",其特别提示"户外游戏更容易观察",从中我们可以看出支架一尤其推崇幼儿户外游戏活动的观察记录。而冒险性游戏则是户外游戏的一种特殊的种类,它的游戏场所大多在户外自然中,最大限度地给予幼儿融入自然的机会,利用自然环境创造游戏空间。游戏设施都是不太符合传统意义的废旧物,如旧轮胎等。在这里,孩子们可以进行丰富多样的游戏活动,包括建造、起火、烧烤、挖掘等。正是这样一个与户外环境、与自然高度融合的游戏空间使得幼儿在进行游戏活动时高度投入,从而一定程度上摆脱幼儿教师的高控,产生自主行为,更加有利于幼儿教师在一个真实情境下有效观察幼儿真实的想法、经验和发生的学习。

正是在冒险性游戏这样一个与自然高度融合的游戏情境中观察,使得教师真实发现幼儿对于自然的向往以及"爱玩爱自然爱冒险"的天性。华东师范大学刘晓东教授曾说过,幼儿的肉体和精神系统都是自然历史的产物,因此与成人相比,儿童与大自然的关系更为亲密。儿童是自然之子,接近自然就是回归本真、拥抱天性。因此,一旦让儿童进入他们天性的"源头"——自然,儿童

作者简介:陈晓娇(1994—),安徽滁州人,扬州大学教育科学学院在读研究生。

的内在精神需要得到满足,其在自然中的一举一动均是其天性最真实的反映。尤其是"爱冒险"的天性会在冒险性游戏中表现得淋漓尽致:由于设施的临时性以及游戏本身注重探索体验,幼儿往往在经验的安全评估基础上进行"冒险性"的尝试,不断挑战自身。这是其他现代游戏所无法比拟的效果。

(二)基于支架三:开放环境,提高幼儿游戏能力

在课程游戏化项目中,支架三的叙述是"理解幼儿园课程的特点、环境在幼儿学习与发展中的地位与作用"。其要求是"合理灵活地规划活动室空间,恰当布置课桌椅,以方便儿童游戏为基本原则,允许儿童跨区域游戏"。环境设置的根本目的是为了幼儿的发展。支架三提出的背景就是当下幼儿园游戏环境的设置如桌椅等设施的摆放模仿小学的样式,致使游戏空间闭塞,幼儿无法完全掌握游戏空间。因此支架三倡导一种合理灵活的空间布局以及强调环境对于幼儿游戏学习的支持作用。这一点也与冒险性游戏的环境特点不谋而合。

冒险性游戏的环境完全摆脱了课桌椅等的束缚,游戏空间位于户外的自然中,在其原有自然空间的基础上打造而成,充分体现了其合理灵活的特点。其中冒险性游戏环境最具代表的便是挪威幼儿园的冒险游戏场。通常冒险游戏的场所在树林、山坡等自然环境中,内容涉及爬树、爬山、涉水、跳高、荡秋千、轮滑、骑单车、奔跑、追逐游戏、打雪仗、玩树枝、伐木、搭建木屋等,材料包括大自然中的花草树木,也有教师提供的斧头、锅子、锤子等。不仅如此,儿童也会参与进对冒险游戏环境的改进中。由此可以看出,拥有如此开放环境的冒险性游戏对于幼儿的游戏能力也提出格外的要求。

1. 提高安全判断评估能力

冒险性游戏虽然存在一定的安全风险,但绝不是危险游戏,这两者之间存在本质差别。冒险是游戏中的幼儿可以判断的,但危险则是幼儿无法预测且极大可能造成幼儿身心伤害。所以,冒险性游戏对于幼儿游戏能力最大的促进作用就是提高幼儿的安全评估判断能力。例如,在冒险性游戏中运用最广的"登高攀爬游戏",幼儿经过一系列的相关游戏之后,面对所攀登的物体,如大树或操场上的器械等,往往有一个"高度对应能力"的判断;除此之外,大多数幼儿在攀登完之后,也会喜欢相应地从高处跳下,这时他们也会对高度进行判断,对自身这样的行为进行安全评估。在安吉游戏中,幼儿面对高度,也会说出"再给我垫一个垫子"这样的安全判断,并且儿童在六个月时便有了深度知觉,儿童是拥有自我保护的倾向与能力的。所以,冒险性游戏所做的不是随意将儿童置于冒险之中,而是提供一个游戏环境,发展儿童对游戏环境的安全评估判断能力。只有亲身体验到了,幼儿才会对类似挑战性的开放环境拥有危险认知,才能不断提高其对环境的掌控能力,从而将其在冒险性游戏情境中学到的知识技能迁移至现实情境中。

2. 培养良好情绪能力

由于游戏环境的开放性和挑战性激发了幼儿的潜能、满足了其探索需要,幼儿往往会在游戏过程中体验到比其他游戏更强烈的情绪情感。相关研究表明,冒险性游戏可以激发幼儿更多积极情感,诸如成就感和愉悦感等。不仅如此,冒险性游戏对于更加显著的能力提升就是情绪恢复能力和克服恐惧的能力。儿童进行冒险游戏的时候,面对的正是人类几种典型的恐惧症,比如恐水、恐高、分离焦虑等。这些恐惧在儿童相应的发展阶段,在基因和环境的相互作用下,可能会自然形成。儿童通过冒险游戏,可以有效帮助他们克服这些恐惧,从而有利于养成勇敢、自信的品质。

(三)基于支架五:注重体验,促进儿童经验深化

在课程游戏化项目中,支架五的叙述是"关注文本转向关注幼儿",其要求是"每所幼儿园收集园所附近一定范围之内的各类自然资源、社会资源和人力资源(机构、基地、材料、有专长的人员等),形成本幼儿园的教育资源地图"。由此可以看出支架五强调幼儿园形成课程资源地图,主要目的是引领教师更多地关注幼儿的日常生活体验,重视儿童的经验。美国教育家杜威曾说过经验就是尝试加反思的过程,重视儿童的直接经验,强调经验中的"反思"成分。而儿童由于思维仍以具体形象思维为主,对于相关经验的获得更加需要去亲身体验。而目前,由于成人过度解读幼儿的安全问题,使孩子们局限在闭塞的室内,剥夺了许多幼儿的户外体验的权利,使得儿童在许多身体运动技能发展不全的同时,缺乏相应户外活动经验。

而冒险性游戏自身一旦形成,就是课程资源

地图上一个耀眼的集合,它凝结了周围地区地形以及各方面人力的共同智慧。其最大的特点就是充分放手,让儿童在自然中体验喜悦、成功甚至是一定程度的伤害。只有体验到了,幼儿才会收获相应的经验,并且在以后遇到类似的情况,去运用此类经验。当然,由于情境的复杂性,虽然有一定的相似,但依然会有额外的结果。这种结果会促使幼儿的经验水平深度发展,促进经验系统的深化。例如,挪威幼儿园的冒险性游戏有这样一个案例:儿童们在小木屋里进行枕头大战,看似是打架。但实际上幼儿在这样一个过程中是在尝试体验不同的"被砸"方式,从而选择一个最能减轻疼痛感的方式,而这个方式在他们遇到危险时可以作为本能反应来保护他们;孩子们可以学会自己建立规则并且遵守它,可以学会在不断尝试对方底线的过程中判断对方的情绪,并且根据对方的情绪变化而及时调整自己的行为。

二、课程游戏化视域下冒险性游戏的实施策略

(一)注重儿童自主性,进行真实连续的观察记录

冒险性游戏注重儿童在游戏中的主体地位,更多的是为儿童提供一种接近自然的游戏情境,鼓励儿童自己制定游戏规则,在情境中做出最真实的反应与行为。正是这样一份儿童游戏的充分自主,使得儿童在游戏中可以无顾虑地展露天性,与自然相接触,从自然环境中学习技能。在当今,"钢筋水泥森林"的崛起,使得儿童越来越少接触真实的自然。而冒险性游戏就是将自然重新带回儿童的生活,在自然中充分挖掘儿童的天性。

如何发挥这样一份最真实的儿童游戏体验的最大教育功效,连续有效的观察记录则起着至关重要的作用。支架一提到要"观察1名儿童,每天观察3次,每次3分钟,自己用随笔(最好是白描)方式记录",且要"高频"讨论相关事宜。由此看出支架一对教师及相关成人的角色定位是:更多观察者及分析者。在冒险性游戏的情境中,不需要高度程序化的观察记录表,教师及成人更多的是记录儿童在某种情境下其行为、语言、情绪等的情况,并作为记录与其日后的表现进行对比分析。久而久之,这样一种观察记录表就会成为儿童成长的观察记录档案袋。不仅如此,教师及成人在旁的有效观察同时也是对游戏环境安全的有效监管,无形之中也是对儿童安全的保护。

(二)注重儿童创造性,打造自由开放的游戏环境

冒险性游戏环境打破了传统教室空间对儿童活动范围的束缚,充分尊重儿童的天性与意愿,且在游戏设施与场地的设计上结合幼儿兴趣,依照当地自然地形,打造冒险性游戏场。场地可以促使儿童产生更强的参与性,满足儿童改变环境的欲望。另外,这种游戏空间也提供给儿童最大程度深入自然的机会。

所以,在具体运用到当今课程游戏化项目中,就要做到让儿童成为环境真正的主人,游戏环境空间等做到低结构化,最大程度满足儿童对于游戏环境的改造以及使用权。同时,材料的投放、空间的利用情况等都需要教师之前对人数、儿童身心发展特点的细心安排,这样才能真正使儿童在游戏中享受自由开放。

(三)注重儿童体验性,制定灵活多样的游戏规则

冒险性游戏在给幼儿带来丰富情绪体验的同时,更多的是带来游戏的深度体验。这种深度体验指的是在各种冒险情境背后儿童认知的发展和经验的累积深化。这种体验真实存在于生活当中,且与生活紧密联系,儿童极有可能在日后情境中运用体验中积累的此类相关经验。

在具体的幼儿园教学中,我们深知由于儿童自身家庭或者是生长环境的不同,每个幼儿都有不同的经验,且特点也不尽相同。所以传统的"一刀切"的游戏,其活动方式和游戏规则并不会适应所有幼儿的特点,且冒险性游戏因其低结构化的特点也无法完全制定相应的游戏规则,所以在课程游戏化项目中的冒险性游戏就要最大程度地将规则的制定与实施交付于儿童,让儿童在游戏体验中根据情境制定规则,遵守规则,促进游戏的顺利进行。

当前,课程游戏化项目正处于前期探索阶段,而冒险性游戏其各方面特点都与课程游戏化项目十分契合。但如何正确发挥其功能效用,学前人也在"冒险"探索中,相信冒险性游戏的实施会使得课程游戏化项目的明天更加美好。

参考文献:
[1] 江苏省学前教育研学中心.江苏省幼儿园课程游戏化项目实施要求(试行稿)[Z].2017-2-15.
[2] 虞永平.课程游戏化的意义和实施(下转第42页)

幼儿园中班积木建构区幼儿行为观察与解读
——以"勇者大冲关"建构游戏为例

王 禹

(常州市新北区银河幼儿园,江苏常州,213000)

【摘要】 建构活动区是班级区角游戏的热点区域,而积木游戏又是建构活动区中的"明星"。判断在这样的区域游戏中孩子有着怎样的学习与发展,我们需要借助观察看见不同经验基础的幼儿在区域中具体的行为表现,通过对话补充完善观察信息,再借助常模分析核心经验,在此基础上精准把握每一个幼儿的学习与发展、兴趣与需求,进而有效地为不同的幼儿提供合适的支持与帮助,让每一个幼儿在自主游戏的过程中建构经验,享受成长。

【关键词】 观察;积木建构;游戏;学习;支持

幼儿对于周围世界的认识和理解是他们主动建构的经历,而非来自于外部信息的灌输与复制。因此我们常常创设丰富的时间与机会,让幼儿直接运用多种材料表达自己的想法、观点,并在与材料互动游戏的过程中感知自我、感知世界、建构成长经验。而积木游戏所蕴含的丰富材料与经验知识,正是支持幼儿在玩中学、在玩中主动建构经验的理想活动。那么教师应该如何在积木活动区中借助观察解读,补充对话,支持跟进,最终实现积木游戏教育价值的落实以及推动幼儿向更高水平发展呢?

一、观察记录,呈现游戏经历
(一)观察计划:活动背景与观察目的

表1 幼儿园游戏观察计划表

观察对象:涂涂	对象年龄:4岁9个月
观察地点:晨间区域积木建构区	成人人数:2人 儿童人数:5人
观察者:王禹	观察时间:10月12号上午8:32—8:35;8:38—8:42
观察目的:中班幼儿自主建构的能力水平	
观察内容:目标儿童在积木建构区的建构主题、建构行为以及对应主题的语言描述内容	

观察背景:

图1:班级积木建构区环境

1. 环境空间背景:
2. 材料背景:中班标准积木一套,本次观察中目标幼儿使用三种类型的积木:成对小三角形积木、小圆柱体积木以及斜坡式积木。
3. 活动背景:晨间区域游戏环节,点点、乐乐、队长和宣宣在建构区搭停车场和赛道,涂涂一个人在一旁用地上散落的积木自己独立建构游戏中⋯⋯

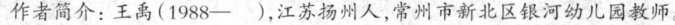

作者简介:王禹(1988—),江苏扬州人,常州市新北区银河幼儿园教师。

（二）记录呈现：幼儿行为与建构作品

8：32—8：35场景一：

① 首先涂涂在斜坡式积木的高点旁边用4个成对小三角形积木拼成一个大正方形。

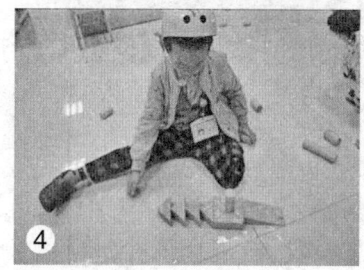

②—④ 而后涂涂将1个成对小三角形积木长边对着大正方形的边，接着在三角形的顶角一个接着一个整齐排列4个积木。

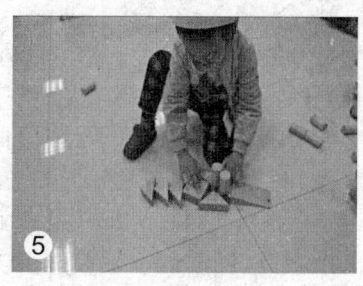

⑤—⑥ 接着涂涂拿起2个小圆柱积木从斜坡积木上推动，沿着大正方形、4个成对小三角形积木前进，一边推动一边嘟哝着"呃，啊……"并将排列好的积木"打乱"。

⑦—⑧ "打乱"后，涂涂重复上述第一步，只是大正方形是角对着斜坡积木的边。而后再在大正方形的对角处用2个成对小三角形积木拼成一个小正方形，再接着小正方形的边一个接一个地拼上2个成对小三角形积木……

8：38—8：42场景二：

一开始涂涂面对4个成对小三角形积木拼成的大正方形，左手拿出一个斜坡积木放在大正方形的左侧，又将上方的斜坡积木对称放在大正方形积木的右侧，刚放下，右手将斜坡积木拿到正方形的下方，左手将左侧的斜坡积木挪开。而后将有裂开的大正方形归整齐。再接着停顿了约2—3秒，右手拿起一个小圆柱体积木放在大正方形的右侧，左手也挪过一个小圆柱体积木放在左侧，完成后又拿起一个小圆柱积木放在大正方形的上方（如图2，笑脸为涂涂所在位置）。

而后涂涂在右侧的小圆柱体积木旁边放两块相对的斜坡积木，又拿起一块斜坡积木放在下

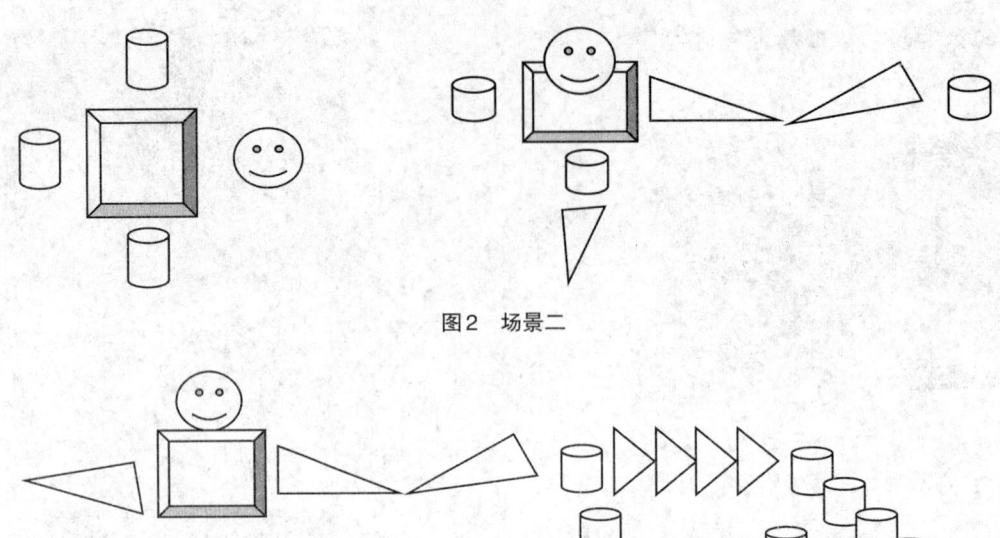

图2 场景二

图3 涂涂建构作品示意图

方,完成后他爬向身体右侧,膝盖将刚刚放好的两块相对斜坡积木撞散,自己发觉后用手恢复原样。停顿约3—5秒后拿掉右侧的小圆柱积木,将相对的斜坡积木也拆掉,一块先放在下端与下方的斜坡积木相对,另一块放在左侧。完成后他右手拿起一块小圆柱积木在地面点了几下,放到了下方的斜坡积木后面。如图3。

再接着涂涂一个接着一个地在小圆柱体积木下方排列了四个成对小三角形积木,再接着放3个有间隔的直线小圆柱体积木,完成后将左侧的那个小圆柱体拿在手上,而上面刚刚排列好的3个小圆柱积木被点点的腿不小心碰乱。涂涂将排列好的小圆柱积木向左侧挪动呈弯道。接着把手上的1个和地上的2个小圆柱积木沿着弯道搭到旁边小伙伴搭好的高架桥边,又拿起一个地上的小圆柱积木放在弯道的下方。接着他转身爬向建构作品上方拿小圆柱积木时膝盖又碰乱大正方形,归整齐后转到身后拿起两个小圆柱积木放在三角形积木旁边的小圆柱积木上。

点点转身问涂涂:"这是什么啊?"

涂涂嘟哝了两句(没听清),点点看了他一眼,他又说了一句:"勇者大冲关啊!勇者大冲关的。"说完又把左侧的斜坡积木拿到了上方,放好后抬头露出微笑……

【反思视角】

幼儿行为观察是有计划有目的的日常保教行为、有方法有价值的教育研究手段、有重点有取舍的儿童研究内容。它让我们客观详实地再现个体或集体幼儿在具体的经历中有着怎样的经验基础、能力水平和兴趣需求。加之观察前对环境材料的背景描述,它让我们更为全面地把握观察现场的信息,为后续有效支持幼儿的发展提供依据。

二、补充对话,了解行为背后

(一)交流回顾,看懂幼儿的行为

(1)游戏后分享交流大家说的环节,涂涂:"今天我在建构区,自己一个人搭了一个勇者大冲关,这个很好玩的。"

(2)对话说的环节:

首先教师装傻式发起:"刚刚,涂涂说他搭的是……?"众幼儿回应:"勇者大冲关。"

其次教师继续疑问式上扬语调:"勇者大冲关?"

涂涂交流:"这是我在电视上看到的,20频道,江苏卫视,这个是游戏,女生六关,男生有很多关;嬉戏谷也有的,有不一样的机会,2次,3次,4次……"

接着追问集体游戏:"这是闯关游戏,怎么玩啊?"小组幼儿七嘴八舌地抢着表达自己的观点。教师在满足集体幼儿说的需要后,再跟进让涂涂借助图片介绍自己的游戏过程:"这是梯子,掉到水里就从这里爬上来,而后小圆柱积木就是小人,这个大平台上出发,向前进不能掉到水里,就成功获奖了。王老师,你要挑战吗?我给你2次机会。不,3次机会……"

(二)个别谈话,读准幼儿的建构行为

午餐结束后,一边看着他的建构照片和视频,一边对话交流。

"涂涂,我看你闯关的时候,小圆柱小人一闯关的时候,你拼的东西就全部乱了,怎么回事啊?"

"这些都是机关啊,那个电视的东西都会跳跳转转的,一撞人摔倒就掉到水里了。"

"那这是什么机关啊?"我指着上图4列的成对小三角形积木部分问道。

"这个没有什么的,很简单,我就随便搭搭的。"

……

【反思视角】

幼儿行为的背后隐含着诸多不被眼睛、耳朵捕捉到的关键信息,及时地补充对话能够让我们真正客观详实地记录幼儿的行为、表情、情绪乃至内在思维。借助游戏后分享交流、个体谈话、画语表征等方式,我们可以全面了解幼儿行为背后的意图、需要和真正的动机,从而有力地避免观察中的主观臆断与成人视角。

三、行为解读,理解核心经验

结合北京师范大学刘焱教授《儿童游戏通论》中对积木建构游戏的相关论述,跟进观察目标幼儿在积木建构区建构的主题、建构的方法以及建构作品的相似度与复杂度,从建构的兴趣意图、建构的技能及建构作品本身角度,就本次观察我们可以发现:

首先,就建构的兴趣意图而言,涂涂一个人主动、独立、自主创造完成"勇者大冲关"的建构,在观察时间内建构冲关作品3种,模拟游戏3次,有着积极的体验。与此同时在交流中可以再现其借助电视节目的环境影响,创造性地第一次在游戏中借助积木建构的形式呈现自己的表征水平。

其次,在本次观察中涂涂在建构形式上是以平铺与重复为主,但我们不能仅凭直观的建构行为和结果作判断,在后续与涂涂的谈话补充中,我们对照常模表现可以发现他此次建构的技能是为游戏而建构,因此有着积极表现和创造自己想要的游戏"情节"。

最后,就建构作品本身而言,在建构过程以及后续的交流中我们又可以发现,不同的局部赋予不同的游戏意义,而且在建构过程中美感(型式、对称、平衡、均衡)、想象与创造在其中有表现。例如对称于正方形两侧的斜坡积木、正方形的平台型式、想象落水爬上来的楼梯以及后面的多重关卡。

此外对照《3—6岁儿童学习与发展指南》目标我们又可以发现:

语言:在点点对涂涂讲话时他能回应,能较为连贯完整地说出自己的建构来源、主题、过程。

社会:在建构游戏中,涂涂能按自己的想法进行建构,而建构到与小伙伴作品相邻地方的时候,能自己独立改变作品方向解决问题。

科学:在建构"勇者大冲关"过程中不断调整改变,动手动脑探索不同积木设计摆放的位置,并乐在其中。而且通过电视节目的观看,对"勇者大冲关"的积木建构与已有认知经验进行比较转化为个人建构作品。此外建构作品的完成说明涂涂能感知冲关现场的形体结构特征并拼搭出造型。

【反思视角】

看见幼儿的具体行为,了解幼儿行为背后的兴趣倾向、经验基础与动机需求,还需要我们嫁接理论常模,更为科学精准地理解幼儿行为中的关键经验、学习发展与后续需要。只有正确把握幼儿的优缺点,我们才能在普适性的教育教学方法上为每一个独立个体提供更具针对性和适宜性的支持引导,从而真正实现观察了解幼儿、支持幼儿的教育价值。

四、反思优化,支持学习发展

(一)观察,本身就是支持

持续跟进观察涂涂类似表征游戏的情况,进一步了解和把握涂涂真正的发展优势。同步检验自己在本次观察过程中的评估,为下一阶段个体幼儿的跟进支持提供有效的客观数据信息。

(二)对话,拓展兴趣需要——及时反馈

可以跟进继续个别对话交流,鼓励引导涂涂自我发现、探究对冲关游戏的感知,激发他自主体验的兴趣,后续可借助观察、游戏后分享交流、任务导向等启发涂涂如何在班级借助不同的游戏材料表征或实现这一游戏愿望。

(三)支持从环境空间、材料展开——准备游戏环境、材料

根据现场两组幼儿共同游戏的空间,需要拓展积木建构区的空间大小,并引导幼儿关注与对方的空间距离,引导幼儿根据自己的建构计划规

划自己的建构空间。

此外光滑的地砖在入秋后影响幼儿的身体，需要铺设相对厚且平整的地毯材料，既能保护幼儿避免着凉，又能保护积木材料。

而对于涂涂的冲关游戏，我们还可以提供一些人物玩偶、标识标记、记录笔纸等，丰富建构主题，引发为游戏而建构、诱发幼儿自主记录自己的游戏经历等。

（四）家园共育——看见真实、完整的孩子

根据之前与家长的对话经验以及家庭对涂涂的认知理解，与涂涂家长沟通跟进让他们了解涂涂在表征的形式上不能仅凭绘画或语言表达来论断，引导"儿童的一百种语言"，并协同跟进满足涂涂的游戏兴趣需要，触动涂涂更为积极的自主思考与创造表现。

（五）个别化支持——经验拓展

而对于建构作品的复杂性、建构游戏的象征性以及借助生活还原生活的其他能力，作为教师我们需要有预设但不能"越界"，在启发涂涂的同时可借助游戏后分享交流、作为平行或联合游戏，触发涂涂自主的感受与需要，拓展其相关复杂、高级的建构技能。

此外作为个体经验的故事，我们还可以借助区域故事的环境分享，诱发其他幼儿的模仿学习，鼓励班级幼儿多元化地借助各种材料表征自己的生活经验，提升班级整体游戏水平。

参考文献：

[1] 刘焱.儿童游戏通论[M].北京：北京师范大学出版社，2004.

[2] 林德.在游戏中评价儿童[M].上海：华东师范大学出版社，2008.

[3] 邱学青.学前儿童游戏[M].南京：江苏教育出版社，2005.

[4] 里德尔-利奇.观察：走进儿童的世界[M].刘晶波译，北京：北京师范大学出版社，2008.

[5] 华爱华.教师在积木游戏中的观察与指导[J].幼儿教育，2014，(13).

[学术动态]

第三届全国学前英语教学研讨会在云南昆明举行

2018年7月26日，由复旦大学出版社主办的"第三届全国学前英语教学研讨会"在云南昆明举行，来自全国各地的50余所开设学前专业的各类院校的近百位英语教师参加了本次教学研讨会。

研讨会上，复旦大学名师、原英语系主任，复旦大学人文学科督导组组长孙建教授作了题为"'Words, words, words' The Charm of English英语的魅力——从文学和文化角度漫谈英语语言和教学"的主题报告。孙建教授以漫谈的方式，从文学和文化的角度，透过莎士比亚戏剧、蒙恬的散文、弥尔顿的诗歌和奥斯汀的小说等，向与会老师呈现了英语语言的精妙。他还从圣经、北欧神话和"活"的英语等方面，向大家传递出英语背后深厚的历史文化信息，为与会老师打开了英语学习和教学的新视野。湖南幼儿师范高等专科学校学前教育学院院长欧阳前春教授以"基于幼儿园工作过程的职业英语教学改革"为题，介绍了湖南幼儿师范高等专科学校基于幼儿园工作过程的职业英语教学改革实践。福建南平职业中专学校副校长孙爱华作了题为"自主学习教学法在学前英语口语教学中的运用"的报告，提出教师需要通过角色的转变，由监督管理者转变为组织辅助者，课堂以学生为中心，培养学生由被动学习转变为主动学习，充分发挥学生的主观能动性。苏小菊老师代表广西幼儿师范高等专科学校英语教学团队做了"来来来，来用英语玩游戏！"的教学展示，她指出，学前英语教学强调英语游戏，更需要强调在英语语境中用英语。

"三位一体"合作模式下幼儿园课程游戏化有效实施的策略与建议

刘 曲 马利娜

（徐州幼儿师范高等专科学校，徐州，221000）

【摘要】"三位一体"协同育人合作模式是学前教育专业新型人才培养方式。在"三位一体"合作模式下，幼儿园在课程游戏化实施过程中可以借鉴以下策略：再造园所制度，成立课程研究共同体；集中优势资源，对课程进行诊断与分析；抓住关键点，在实践中提升幼儿园课程建设能力；及时评价与反馈，保证课程质量的螺旋上升。通过多种途径，全方位地提升幼儿园课程组织与实施质量。

【关键词】 三位一体；幼儿园课程；游戏化

"三位一体"英文简称U-G-S，源自东北师范大学2007年以来研究实验并成功创办的以培养面向21世纪的卓越教师为目标的新型办学模式。其核心思想是：政府牵头将高校、一线学校的优质教育资源整合起来，为实现"打造高素质教师"的共同目标，三方遵循资源共享、责任共担、利益分享原则，在师范生全面素质培养与提升上开展系统合作，实现协同创新发展。[1]虽然这一模式是人才培养院校提出的，但对于一线的学校和幼儿园来说，也是一个千载难逢的发展机会。幼儿园必须充分借助这个契机，最大化利用各种资源，全面提升自身的课程建设能力。

课程问题是教育中最重要、最繁杂、最易被误解的教育问题之一，它是教育的核心，是教育思想、教育理论转化为教育实践的中介与桥梁。[2]没有课程，教育就没有用以传递信息、表达意义、说明价值的媒介。教育实践与改革也常以课程改革为突破口，因而课程的质量与水平直接决定着教育的质量与水平。

从国内外课程发展的历程和内涵中可以看到，幼儿园课程一方面具有与其他各级各类课程相同的地方，如它们都反映了一定的社会价值和文化知识，都注重将这些社会价值和文化知识整合到学习者的经验之中；但另一方面，幼儿园课程在许多方面也有别于其他各级各类教育课程，其中最明显的差别体现在对教育对象的考虑方面，它要求教育者更多地关注个体儿童的发展水平，因为儿童早期的发展速度是最快的，且身心发展也具有特殊性；此外，幼儿园教育的方法和材料也不同于其他各级各类教育，课程较多地是采用活动而不是上课的形式来加以组织，更多采用的是具体直观的活动材料。

游戏是最受幼儿喜欢、最适合其年龄特点的活动，对于幼儿身心发展具有重要意义。《3—6岁儿童学习与发展指南》（以下简称《指南》）指出：幼儿的学习是以直接经验为基础，在游戏和日常生活中进行的。《幼儿园教育指导纲要（试行）》（以下简称《纲要》）中也明确提出，幼儿园要以游戏为基本活动。幼儿园课程要更加贴近幼儿的实际发展水平，贴近幼儿的学习特点，贴近幼儿的生活、兴趣与需要，必须要以游戏为突破口，走近幼儿，实现课程的价值。

中国学前教育研究会理事长、南京师范大学虞永平教授指出，从整体上提升幼儿园课程建设

课题来源：本文系2016年度江苏高校哲学社会科学研究一般项目《"三位一体"合作模式背景下幼儿园课程游戏化有效实施研究》（项目编号：2016SJD880168）阶段性成果。

作者简介：刘曲（1983— ），黑龙江省海林市人，徐州幼儿师范高等专科学校讲师；马利娜（1987— ），山东省枣庄人，徐州幼儿师范高等专科学校讲师。

和实施的水平，进而提升教育质量，是当前我国学前教育面临的最根本任务之一。如何在"三位一体"协同育人模式背景下有效提升幼儿园课程游戏化水平呢？

笔者所在院校为全国老牌幼儿教师培养学校，2011年升入高职高专系列以来，学前教育专业一直在探索政府、高校、幼儿园"三位一体、协同育人"的合作模式。学校在2014年与市教育局、市属11所幼儿园签署了《政府、高校、幼儿园合作培养学前教育专业人才协议》，建立了优势互补、多教育主体参与的协同培养机制。几年来，"三位一体"协同育人机制运行效果显著。在笔者参与的过程中，我校与三所幼儿园联系密切，而这三所幼儿园均为江苏省课程游戏化项目参与园，经过追踪与访谈，总结了这三所幼儿园在"三位一体"育人模式下，自身课程发展的实践路径，以期对同类型的幼儿园课程建设有所启示。

一、再造园所制度，成立课程研究共同体

幼儿园课程能力是一种机构能力，以园长的课程领导力、教师的课程能力等个人能力为支撑，是幼儿园所有课程实践主体在课程建设中体现出来的一种"合力"。这种能力来源于园所内个人能力与内、外影响因素（包括教育政策、外部资源以及园所文化等）的相互作用。因此，幼儿园课程能力不是园所内个人能力的简单叠加，而是各因素相互作用后的一种能效状态。[3]

幼儿园课程建设是长期的、不断发展的动态过程，置身于"三位一体"协同育人模式下的幼儿园，外部影响因素扩大，建设覆盖面广、牵涉人员众多。为充分提升幼儿园课程能力，幼儿园必须再造其课程制度，将政府、高校的资源与影响统筹到自我发展之中，在课程建设中优化资源的调配与组织能力，协调多方面的力量，形成促进幼儿园课程能力发展的长效机制，推动幼儿园资源、高校资源、政府资源以及其他相关人员形成课程合力。在完善的措施、合理的人员调配下，成立课程研究共同体，实现幼儿园课程制度的再造，构建由幼儿园牵头、高校与政府共同参与的相对稳定的课程研讨机制、课程审议机制、资源评估机制等，这样既能调动幼儿园教师参与课程建设的积极性，同时又发挥政府和高校教师在政策和专业引领方面的作用，带动课程主体反思性研究和实践，促进课程能力的主动提升。

二、集中优势资源，对课程进行诊断与分析

为保证三方合作的有效性和常态性，幼儿园应将合作的落脚点放在幼儿园课程建设上来。传统的幼儿园课程建设往往是园长或少数教师骨干的事，专门的课程研究小组将完成的课程开发文本交给教师执行即可。[4]基于"三位一体"协同育人模式下的幼儿园课程建设应该是更加开放的、动态发展的，课程建设的主体不仅是幼儿园自身，政府、高校都应是幼儿园课程建设的主体。因此，幼儿园课程选择、开发与实施需要以三方合作的课程研究共同体为核心，围绕幼儿园课程建设的重要内容展开研究与反思性实践探索。在这一过程中，可以充分发挥高校教师的专业引领作用，引领幼儿园教师理论学习，实践探究帮助幼儿园教师对于幼儿园课程产生更清晰的认知、更有深度的实践反思等，以幼儿园教师课程能力整体水平的提升推动幼儿园课程能力的有效提升。

幼儿园首先要邀请教研员、高校专家，与幼儿园园长、教师一起，对幼儿园现行课程进行诊断与分析，研究如何将幼儿园课程与《纲要》《指南》精神、与先进的教育理念相对接，提出幼儿园课程建设与实施的方法，并在实践过程中逐步分析与改进。要将教师课程能力建设始终体现在课程共同体研究的过程之中，每一阶段组织教师共同讨论，以适宜幼儿的发展为目标，研讨课程实施的阶段性重点、难点；每学期围绕1—2个重点、难点问题将课程研究与教师的课程能力提升同步推进。在政府、高校、幼儿园三方常态互动的过程中，幼儿园课程能力的水平也必将随之提升。

三、抓住关键点，在实践中提升幼儿园课程建设能力

幼儿园课程建设能力具有构成要素多、牵涉面广的特点，它的实现需要全园参与，在建设过程中必须三方合作，抓住关键着力点，只有这样最终才能起到"牵一发动全身"的作用。在幼儿园课程组织与实施过程中，以下三个方面是幼儿园课程建设能力提升的关键点。

（一）加强对幼儿学习与发展的观察与了解

观察与了解幼儿是幼儿园教师的基本功，也是开展适宜性教育的基础，更是课程设计与实施的前提。学前教育要真正地做到促进幼儿发展，为幼儿的成长提供支持，必须建立在对幼儿学习与发展方式和规律充分了解的基础上。幼儿园课

程实施者要有效地完成课程目标，必须持之以恒地对幼儿实施观察。《指南》对3—6岁幼儿应该知道什么、能做什么，大致可以达到什么发展水平提出了合理期望，指明了幼儿学习与发展的规律、学习方式与具体方向；列举了一些能够有效帮助和促进幼儿学习与发展的教育途径与方法。幼儿园教师在实施过程中要充分学习其中的理念，结合具体实践，有计划、有目的地观察每一位幼儿，了解幼儿的学习与发展状况，在课程实施过程中适时地给每一个幼儿有效的支持与引导。

（二）将幼儿园课程游戏化，凸显课程的活动性和体验性

游戏是幼儿园的基本活动，课程游戏化就是让幼儿园课程更贴近生活，更生动有趣，活动形式更多样化，幼儿动用多种感官探究、交往和表现的机会更多，幼儿的自主性和创造性更充分。因此，幼儿园课程游戏化项目的推进，最终目的是促进幼儿发展。幼儿园课程游戏化是指一日生活都要充满自主、自由、创造、愉悦的游戏精神。不是游戏要被幼儿园课程所取代，而是要充分地发挥自主游戏的功效，另外在集体教学等活动上，应尽可能采用游戏方式。幼儿园课程实施还要凸显活动性和体验性，强调活动的教育价值，注重活动的过程体验，优化教与学的方式，整体地考虑活动的预期目标与活动的展开过程，使幼儿在获得经验的同时，发展认知能力，丰富情感体验。

（三）提升教师在课程实施中的专业化水平

教师的专业化是确保课程实施顺利推进的关键。教师的教育理念、专业意识、专业能力直接影响幼儿园课程的品质，幼儿园课程要远离"小学化"，幼儿园教师必须专业化。幼儿园教师要不断地反思、实践，全方位地提升自己，提高自己对教育实践的自觉意识。要把学前教育理论与保教实践相结合，加强自身的保教实践能力；要研究幼儿，遵循幼儿成长规律，提升保教工作专业化水平；还要坚持实践、反思、再实践、再反思，不断提高专业能力。教师要联系自己的教育实践，认真学习《规程》《纲要》《指南》，勇于改变、乐于改变、善于改变，积极有效地实施幼儿园课程。同时，政府和高校还要在合作中为幼儿园提供各级各类培训和现场指导，通过项目引领、跟踪指导等方式，逐步提升教师的专业化水平。只有教师的专业化水平提升了，才能有效地给幼儿提供支持，真正地提升幼儿园课程实施的质量。

四、及时评价与反馈，保证课程质量的螺旋上升

幼儿园课程评价是一种特殊的认识活动，是针对幼儿教育的特点和组成要素，通过收集和分析比较系统、全面的有关资料，科学地判断幼儿教育的价值和效益的过程。[5]《纲要》指出，幼儿园课程评价是幼儿教育工作的重要组成部分，有助于了解教育工作的适宜性、有效性，有助于调整和改进教育工作，从而提高教育质量，更有效地促进每个幼儿的发展。幼儿园课程质量要稳步持续提升，还需政府、高校、幼儿园定期对幼儿园课程建设的成果进行审议和评价。

幼儿园可通过向高校教师、教研员报告，开放幼儿园活动现场，展示教师教学活动，展示幼儿学习与记录等形式，及时汇报自己在课程建设中的成果与困惑。高校教师、教研员等则通过点评、个别指导、专题研讨、主题沙龙等形式，及时向幼儿园反馈课程建设中的意见与建议。通过一次次对课程的审议，形成一个幼儿园课程良性发展的生态循环圈，保障幼儿园课程质量的螺旋上升。

幼儿园教育是基础教育的重要组成部分，是我国学校教育和终身教育的奠基阶段。幼儿园教育质量关系着国计民生，关系着民族的未来和希望，因此全社会必须高度关注幼儿园教育的质量。课程是教育的载体，幼儿园课程游戏化是幼儿园教育质量提升的重要途径。"三位一体"合作模式对于高校学前教育专业人才培养，对于幼儿园实践的开展以及对于整个学前教育事业的发展都具有重要的意义。幼儿园课程建设与实施水平的提升，要积极主动地发挥"三位一体"协作育人模式的作用，最大化地在这一背景下发展提升自己，为幼儿提供优质的环境与教育，为幼儿园教育质量的提升迈出坚实的一步。

参考文献：

[1] 刘益春,李广,高夯."U-G-S"教师教育模式实践探索[J].教育研究,2014,(8).

[2] 施良方.课程理论：课程的基础、原理与问题[M].北京：教育科学出版社,1996：1.

[3][4] 姚慧.幼儿园课程能力建设的内涵与路径探析[J].上海教育科研,2015,(7).

[5] 王春燕.幼儿园课程概论[M].北京：高等教育出版社,2014：132.

离群的"小雁"
——儿童入园不适的心理干预

刘 琼

(思塬心理咨询室,河北邯郸,056000)

【摘要】 文章以幼儿园某儿童心理健康问题为例,分析了儿童对幼儿园生活阻抗、不合群、难以融入集体的原因,从增强儿童社会交往能力、提高儿童生活自主能力、避免消极的语言暗示、教师对新入园儿童进行关注和照顾等方面提出了方案对策,有助于儿童尽快适应幼儿园的集体生活,健康快乐成长。

【关键词】 不合群;儿童;社会交往

案例: 淘淘,男孩,四岁,幼儿园小班儿童。虽然已经到了小班下学期,但每天去幼儿园还要哭闹很久,抱着爸爸妈妈的腿不放手。淘淘在幼儿园的生活也不是很开心,情绪过于敏感,被其他小朋友无意碰撞一下或老师态度严厉一些就会委屈地哭泣。在幼儿园期间食量减少,生病比较多,经常患咳嗽。早上去幼儿园之前有时会说肚子疼,去医院检查无异常。从幼儿园回家后情绪不佳,爱发脾气、哭闹,睡觉会出现夜惊、夜哭等现象。周末或放假时情绪会有所好转。

淘淘的妈妈向咨询师讲述,淘淘五个月时,妈妈就开始上班,淘淘由祖父母、外祖父母轮番照看。老人带孩子怕发生危险,总是提心吊胆,这不让摸,那不让碰,造成淘淘性格敏感胆怯。并且,祖父母和外祖父母过分溺爱淘淘,饭来张口、衣来伸手,使淘淘生活自主能力差。淘淘上幼儿园之前和其他孩子相处时间较少,不喜欢和同龄的小朋友玩耍。入园前,妈妈担心淘淘不适应,陪淘淘上过幼前亲子班。因为当时有妈妈陪伴,淘淘情绪很平稳,没有异常。

据淘淘的老师反映,淘淘刚上幼儿园时不会自己吃饭、穿鞋,经常尿裤子。在幼儿园期间情绪偏低落,参与活动和游戏的热情不高,下学期比上学期略有好转,但对幼儿园生活还不太适应。

一、案例分析

(一)咨询师对淘淘进行交流和了解

咨询师首先通过幼儿园视频监控对淘淘在幼儿园的行为进行观察。通过观察发现,淘淘在幼儿园各种游戏和活动中表现不积极,参与热情不高。比如老师给小朋友发放午后甜品时,其他小朋友会欢呼雀跃地喊叫"老师,我要""我要那块大的""我还没有呢",有的孩子甚至跑到老师面前去索要点心。淘淘也想要,但只是坐在自己的小椅子上默默地盯着老师,希望老师发点心给他。

咨询师又进入课堂,近距离观察淘淘在幼儿园课堂中的表现。咨询师发现淘淘不喜欢和老师、伙伴交流,上课很少发言,从不主动参与集体游戏等。有一次上完课后,咨询师发现淘淘的小椅子上是潮湿的,原来淘淘上课时没有憋住尿,又不敢跟老师说,就尿湿了裤子。

咨询师进一步和淘淘进行交流,发现淘淘表达能力正常,思维反应正常,身体和智力的发展与同龄儿童发展程度无异。对于是否喜欢上幼儿园这一问题,淘淘给予了否定回答。问其原因,淘淘表示,因为上幼儿园看不到爸爸妈妈、爷爷奶奶,老师和小朋友对他不好。

作者简介:刘琼(1979—),河北定州人,国家二级心理咨询师,思塬心理咨询室咨询师,精神分析传播师,擅长亲子关系、婚姻家庭、职场发展等方面的心理咨询和培训工作。

（二）儿童对幼儿园阻抗、不合群的原因分析

1. 儿童安全感偏低，入园产生的分离焦虑

儿童和父母、祖父母、外祖父母一起生活，对生活环境比较熟悉，会形成一种固定的安全感。当这种安全感被打破的时候，必然引发情绪的焦虑不安，这是正常的，很多孩子入园时都有哭闹、抗拒、发怒等表现。但是大多数孩子的情绪会逐渐好转，基本在一个月左右恢复正常。但是如果儿童安全感偏低，或受到家人的过度照顾和保护，与外界接触较少，当与家人有短暂的分离时会表现出比较严重的分离焦虑，甚至持续时间比较长。

2. 儿童生活自理能力差，挫败感产生的心理压力

如果儿童生活自理能力差，依赖性强，很多事情需要家人帮忙，对于吃饭、穿衣穿鞋、整理物品、上厕所等很多事情自己应付不来，就会觉得自己做事情比其他小朋友慢，比其他小朋友差，从而产生挫败感，不愿意去幼儿园。比如本案例中的淘淘，不喜欢上幼儿园的重要原因之一就是生活自理能力差，信心不足。

3. 对新环境不熟悉，适应能力不足

很多儿童入园时存在人际交往不适应的问题。通过对孩子的社会性发展研究，三四岁的儿童基本没有友谊的观念，交往范围还限定在家庭中。而且很多儿童都是独生子女，生下来就集万千宠爱在一身，不是家里的王子就是公主，家人关注的焦点全在他一个人身上。但进入幼儿园后，他发现自己并不是关注的焦点，自己的需要也不可能随时随地被满足，情绪上就会产生失落。再加上没有与其他同龄儿童共同生活的经历，老师又比较严厉，不像家人一样宠溺他们，这种新的环境和关系会让儿童感到难以适应，使他们不喜欢幼儿园的生活。

4. 喜欢随心所欲，不习惯被约束

有的家长过分强调让儿童自由成长，很少给儿童设置一些规矩，形成一些习惯。儿童在家里随心所欲，就会反感受到各种规矩约束的幼儿园的生活。比如幼儿园通常要求儿童中午有一两个小时的午睡时间，有的儿童没有午睡习惯，就会因为不喜欢午睡而不喜欢幼儿园生活。

以上，是儿童对幼儿园阻抗、不合群的主要原因，其他原因还包括受到同伴欺负、不适应幼儿园作息时间以及幼儿园和教师的因素。比如淘淘所在的班级儿童人数达33人，配有两名教师和一名生活管理员。教师精力有限，不可能照顾到每一个儿童，对新入园儿童缺乏有针对性的引导。

当然，对于儿童阻抗幼儿园生活和不合群的问题，家长、教师首先不要焦虑，否则会给儿童更大的心理压力。要对儿童有信心，随着儿童年龄增长、心智成熟，这一问题会逐渐好转。但是，对于这一问题又应当充分重视，因为幼儿园的经历是儿童第一次融入集体，儿童在幼儿园中形成的认知和行为习惯将持续很长时间，甚至会对儿童一生带来影响。所以需要采取一些积极的措施，尽可能缩短儿童对幼儿园集体生活的适应时间，以免影响儿童的身心健康，也影响幼儿园正常的教学秩序。

二、方法措施

针对此案淘淘对幼儿园阻抗、不合群、难以融入集体的原因，咨询师对淘淘的父母及淘淘所在的幼儿园教师提出了几方面的调整方案。

（一）创造儿童和同伴相处的机会

咨询师向淘淘的父母建议，可以利用放学时间，多为孩子创造相处和玩耍的机会，比如可以邀请淘淘的同学到家里玩。周末也可以组织几个家庭出游，让淘淘多接触同龄小朋友。刚开始可以选择性格温顺的孩子，避免儿童间发生冲突，适得其反。特别对于那些对幼儿园抵触情绪较为强烈的儿童，家长可以为儿童寻找一个同伴，每天可以一道入园。孩子因为有熟悉的同伴在一起，会产生一些安全感，就会减轻孤独和不安。

（二）逐步培养儿童的生活自主能力

先从简单的日常生活开始，锻炼儿童学会自己洗漱、吃饭、穿衣穿鞋、上厕所、整理摆放物品等，使儿童拥有一些日常的生活技能，树立自信心。在此基础上，可以教孩子做一些简单的家务，教孩子日常礼貌用语，对于提高孩子的社会交往能力和对集体生活的适应能力是很有必要的。在此案中，咨询师建议淘淘的父母循序渐进，在平时生活中，先从教孩子自己吃饭、穿衣服、上厕所等基本生活技能开始，逐步提高孩子的行为能力。

（三）避免消极的语言暗示

当儿童对幼儿园发生抵触情绪时，很多父母都会很焦虑，会问孩子：老师是不是训斥你了？小朋友是不是打你了？这样会诱发孩子的关注点集中在幼儿园不好的方面，使孩子更加抵触上幼儿园。还有的父母，当孩子不听话时会威胁恐吓

孩子：你再不听话，放学我就不接你了，把你一个人放在那儿。这样的表达方式会让孩子误认为父母不想要他了，会加重儿童对幼儿园的阻抗，因为他会害怕一旦进入了幼儿园就会被父母抛弃。

在这个案例中，淘淘的父母发现淘淘拒绝上幼儿园，也感到焦虑，每天都会问孩子：今天为什么不高兴，是不是老师对你不好，是不是被小朋友欺负等等。这样的交流方式让淘淘对幼儿园产生恐惧，更加不喜欢幼儿园。

（四）教师要对入园适应性差的儿童多给予照顾和关注

大部分儿童刚进入幼儿园时，由于生活环境、习惯发生了较大的变化，远离熟悉的家人，对教师的亲近感还没有建立，就会在心里产生不安全感，也叫做"分离焦虑"。在情绪上主要表现为情绪低落、爱哭闹、爱发脾气、害怕恐惧等。由于不良情绪的影响，在身体上也会出现一些表现，主要是抵抗力变低，容易生病，比如消化不良、咳嗽、发烧等。

为了使儿童减轻入园压力，尽快适应幼儿园的生活环境，教师就要对刚入园的儿童，特别是对适应能力差的儿童多给予关心和照顾。发现他们的不良情绪，及时安慰和处理。对于性格胆小怯懦的儿童，避免严厉的训斥和指责，以免使儿童对幼儿园产生恐惧心理。

对于淘淘的问题，咨询师和淘淘的父母同淘淘的老师进行了交流。淘淘的老师也表示，由于要照顾很多孩子，身心俱累，有时就会对孩子态度比较严厉，对孩子的情绪也关注不够。接下来，她会尽可能多给予淘淘鼓励和关注，使他早点适应幼儿园生活，融入集体。

（五）在幼儿园时间从短到长，循序渐进

有条件的家庭，可以采取让孩子在幼儿园时间由短到长，循序渐进的方式，国内不少幼儿园已经采取这样的方法。比如，第一个月，让孩子在幼儿园呆两个小时，孩子虽然不喜欢上幼儿园，但是时间很快就过去，不良情绪不会持续很久；第二个月，让孩子在幼儿园呆一上午，吃完午饭去接孩子；第三个月，等孩子睡完午觉去接他，告诉他：你睡醒一觉爸爸妈妈就来接你了；第四个月，让孩子在幼儿园呆一天。当然，可以随着孩子适应能力的变化，随时对进度进行调整。

在实践中，家长还可以采取一些小策略。比如将上幼儿园当作一种奖励，告诉孩子：你现在只能在幼儿园玩两个小时，如果表现好了，才能在幼儿园玩更久。但是在生活中，我们常发现，很多家长将送孩子去幼儿园当作一种惩罚，给孩子消极的暗示，结果使孩子对幼儿园更加抵触。

三、效果评估

按照咨询师的建议和提供的方案，淘淘的父母有计划地培养孩子的生活自理能力，为孩子创造和同伴相处的机会，同时也调整自己育儿的方式方法，淘淘的老师也给予了最大程度的配合。通过一个学期的努力，淘淘开始适应幼儿园的生活，喜欢和小朋友一起学习玩耍。在中班开学的第一天，他高高兴兴地去上幼儿园，没有出现哭闹和不良情绪。

参考文献：

[1] 刘现玉.幼儿入园分离焦虑成因及消除策略的研究[J].儿童发展研究,2018,(1).

[2] 郭其芹.新生入园适应问题及策略初探[J].读与写,2017,(5).

[3] 吴吉惠,杨雪.小班幼儿入园适应期的家长辅导研究[J].天津市教育科学院学报,2017,(4).

（上接第31页）途径[J].早期教育,2015,(3).

[3] 张晖.江苏省课程游戏化项目"六个支架"的解读[EB/OL]. http://www.cnsn.gov.cn/szfml/xqjy/201512/b3a3733a60bb4497a3077724bf824c0d.shtml,2015-12-30.

[4] 廖蕊.国外冒险性游戏场简介[J].教育导刊,2006,(6).

[5] 李小玲.大自然与儿童的精神生活[D].南京师范大学,2013.

[6] 马丽婷.中国与挪威幼儿园一日生活中的游戏实践比较[D].华东师范大学,2014.

[7] Brussoni M, Brunelle S, Pike I, et al. Can child injury prevention include healthy risk promotion?[J].Injury Prevention, 2014, 21,(5).

[8] 潘越.挪威幼儿园中的冒险性游戏[J].福建教育,2016,(9).

[9] 王新.儿童游戏空间景观要素的应用研究[D].西北农林科技大学,2014.

让儿童的学习"看得见"
——"我设计的桌子"课例的解构与重构

郑黎丽

(扬州市育才幼儿园,江苏扬州,225002)

【摘要】 在"我设计的桌子"课程重构时,我们立足课例初始设计中存在的问题,以真情境创设、多领域融合、导引式学习、思维导图引领等化解儿童学习的边缘化难题,实现学习要素的全开放,让儿童的学习通过全方位、全时空、全参与、全生成,做到真情境、真对话、真学习、真成长。

【关键词】 边缘化;问题解构;思维导图

教育因人的生命而存在!学生不是知识学习的"机器",教师也不是机器旁边的"传送带"。[1]教育应以关心学生的生命成长和提升学生的生命质量为宗旨。[2]回归自然是幼儿园教育的应然选择,它在教育价值取向上是为了保持教育的本真和捍卫生命的自由。[3]这里的自然不仅指物的自然,还包括人的自然,是物的自然性与人的自然性的统一。我们的"亲自然课程"实践正是基于这样的认识提出的。研究中,教师们努力做到关注环境、尊重儿童,在观察、发现儿童中信任、支持、赏识儿童,使课程从儿童中来,到儿童中去。让课程依儿童的意愿打开,让课程指向儿童的生命成长。"我设计的桌子"课例就来源于幼儿自发生成的"古银杏生病了"研究主题。

一、原课例:儿童学习的边缘化

通过一段时间的实施,我们发现原课例的构建存在以下三方面问题,造成儿童学习的边缘化。

问题一:主题价值局限

仅关注课例中儿童能否亲自动手制作出桌子,仅关注儿童制作的桌子像不像、稳不稳、好不好(图1),根据桌子成品的效果衡量儿童学习的

图1 儿童亲手制作的桌子

项目来源:本文系江苏省教育科学"十三五"规划重点资助课题"以生命成长为旨归的亲自然课程实践"(编号:B-a/2018/02/74)的阶段研究成果。

个人简介:郑黎丽(1971—),江苏宝应人,扬州市育才幼儿园教师,扬州市学科带头人,特级教师。

质量,片面理解课例本身的价值,忽略儿童实际操作中在探究桌子结构、活动兴趣、合作意识等其他认知、情感、态度方面的发展价值。

问题二:儿童思维断裂

从设计到评价是一个连续、复杂的过程,可原课例中儿童思维缺位,使操作探究缺乏连续性、一致性。比如,儿童设计的桌子是一回事,实际制作出的桌子,又是另一回事,两者毫无关联。

问题三:经验建构无序

过程中,经验会伴随幼儿的探究不断地呈现,有些明显有些潜在,特别是有些关键经验需要教师及时捕捉并帮助幼儿梳理、升华,形成新经验。然而原课例中,教师一味尊重儿童,放手过多,幼儿的疑问得不到及时回应,团队合作学习、自主提出问题、独立解决问题等能力得不到有益的历练,造成经验建构的杂乱、无序。

二、核心问题解构

南京师范大学张俊教授指出:看得见孩子,才能找得到课程!在"我设计的桌子"课例解构过程中,我们贴近儿童生活,把握儿童学习特点和需要,重构适合儿童的课程。

(一)重新认识课例的价值

STEAM课程强调将技术、工程、数学、艺术、科学五门学科通过主题或以项目引领的活动等结合到一起,促进儿童整体素养的提升。[4]这也正是本课程所需要的。在此理念观照下,我们重新审视课例价值:不仅课例涉及领域多样,且能促进儿童多元发展。

技术层面:儿童通过锯、拧、刨、粘胶等,可以掌握木工技能,每一项技能又可以拓展多种技术要点,如拧螺丝时怎么用力使螺丝平稳向下,掌握十字起拧螺丝怎么才能不拧花。

工程层面:进行用料预算,考虑如何保持三腿、四腿、多腿桌的平稳。如何将四块相同的长方形拼成长方形或正方形桌面?如何将两块相同的梯形拼接成一个六边形桌面?

数学层面:思考如何选料,测量木料的粗细、长短。

艺术层面:怎么组合桌面、桌腿更美观、不歪斜?桌面能做成花瓣,不是平面的吗?

科学层面:在不同木料上拧螺丝,为什么有的易拧有的难拧?为什么木板的花纹、颜色不一样?

图2 探究

(二)发现连接儿童思维的节点、破解对策

为了规避儿童思维断裂的困扰,我们提出"把握实践节点,谋求破解对策"的教育主张。

1. **实践探究节点**

① 问题生成过程中儿童经验的衔接点是什么?② 各学科关键经验的延续点在哪里?③ 跨学科经验的关联点是什么?④ 活动评价环节中儿童经验的承启点在哪里?

2. **破解对策——环境再创造**

主题墙张贴幼儿收集的各种各样桌子图片,供幼儿将直观感知与实际操作进行经验联结(衔接点之一);变原来单一的银杏木材料为桦木、樟木、桃木、榉木、杉木、柳木、松木、榆木,且木板大小、宽窄、厚薄、长短、形状都不一样,供幼儿感知木料的密度、气味、纹理,方便不同能力幼儿选料(科学学科的关键经验延续点);能力强的可以用料加工,制作桌面桌腿;能力弱的幼儿可以直接使用成品材料进行组装(运用到科学、数学、工程、美术等学科知识);鼓励儿童小组合作,从设计→选料→加工→观摩→评价进行完整操作,实现跨学科知识的无线连接(体现跨学科知识的关联点);投放多媒体一体机、展示仪和作品陈列架,方便儿童在直观观察中评价作品,对好的作品进行展览,为后续的创作提供支持,同时也可以让其他幼儿学习借鉴;在活动评价中实现儿童经验的承上启下。

（三）以思维导图引领儿童经验的建构

STEAM理念蕴含着"做中学"、体验学习、建构式学习等，非常关注创新型、跨学科思维人才的培养。[5]这完全吻合"我设计的桌子"课例的目标要求。我们创设问题情境，通过导引式学习，将儿童的学习引向实际操作、主动体验的真过程，以思维导图引领儿童开展实践探索。

前期准备：观察实物桌，了解特征：桌面（形状、颜色、材质等）、桌腿（数量、形状）；桌面桌腿连接方法（粘胶、螺丝、枪钉、榫卯等）。收集相关图片，进行主题环境创设。

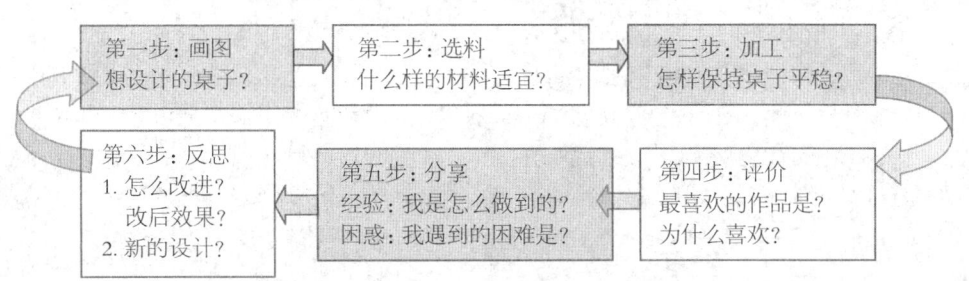

图3　思维导图

如图，儿童可在此情境中根据层层递进的问题，进行环环相扣、循环往复、螺旋上升的学习，使实践能力前接后连、使关键经验前接后续：

第一步：画图——根据家具城、网络调查，对了解到的信息，进行自主设计，绘制设计图，师幼共同从设计图样中选定几款具代表性的，进行图例分析，幼儿自主选择分组。

第二步：选料——据图例小组成员共同商量选料，确定桌面、桌腿及连接的制作方案。加工、制作，体验桌子的制作过程，积累操作经验。

第三步：加工——合作加工、制作，体验桌子的制作过程，积累操作经验。

第四步：评价——针对各组完成的作品进行观摩、鉴赏、评价。

第五步：分享——进行信息共享，分享制作经验与困惑。

第六步：反思——脑力激荡，集中群体智慧对放置不稳的桌子进行集体会诊，分析查找问题，提出改进意见，可咨询漆器制造厂的工艺大师等专业人士，进行重新加工；并对新设计大胆提出构想。

这样的课程，问题情境指向明确，环境开放，支持者、学习者与材料的关系多边互动，儿童的学习是合作、有层次的，儿童的情感态度积极，幼儿可以任意摆弄木工坊提供的低结构材料，尝试用大大小小的木头、木板进行创作、思考，在与材料进行表层对话的过程中积累相关信息，并尝试用自我的理解阐释信息，对从外部获得的启发以及内部产生的冲动进行自我消化、加工整理，从而提升自己反思问题、践行问题的能力，[6]从中获取思想及解题方法的提升，使表层对话过渡到深度学习。

三、课例重构后的效果

（一）真情境、真对话、真学习、真成长

学习主题来源于真实生活真实情境。"我设计的桌子"课例方案的重构，让儿童与材料真实对话，让儿童的学习在多领域对话、融合中发生，打开了教师视界，释放了儿童双手，使儿童的学习看得见、摸得着。在这样的学习情境中，儿童可以根据自己的兴趣选择相应的组别参加活动，在小组合作、自主操作中建构经验、发挥特长。儿童会发现不同木材味道不一样，樟木香、榆木臭（科学）；粗细不同的银杏树墩上的年轮有多有少（数学、科学）；砂纸打磨后的边缘为什么是光滑的（科学、技术、艺术），等等……教师可捕捉这些潜

图4　"我设计的桌子"

在、隐藏的价值话题，生成新课题，使新主题成为下一轮探索的教学资源，继续以项目问题引领儿童探究，等着儿童在认知性实践中验证、发现，在与材料应答性对话中生成、创造，在实际操作中发掘潜能，生成智慧。

（二）全方位、全时空、全参与、全生成

儿童的学习范围变成室内室外、园内园外、线下线上、课上课下；学习形式从单边师幼、幼幼对话到项目团队共建；为课程提供支持服务的教育者由单一走向多元；儿童由个体的学习变成团队合作学习，场域中幼儿有更多的机会主动或被动地与他人互动，共同促进；学习资源、新经验、新问题动态生成。

参考文献：

[1] 赵秀文.教育中的"人"何以困顿：学校文化的分析视角[J].教育科学研究, 2010, (4).

[2] 张凤青.基于学生生命成长的课堂教学研究[D].济南：山东师范大学, 2008.

[3] 陈大琴.基于本土资源的园本课程开发[J].学前教育研究, 2016, (8).

[4][5] 赵慧臣, 周昱希, 李彦奇, 刘亚同, 文洁.跨学科视野下"工匠型"创新人才的培养策略——基于美国STEAM教育活动设计的启示[J]远程教育杂志, 2017, (1).

[6] 希尔伯特·迈尔.备课指南[M].上海：华东师范大学出版社, 2011.

[学术动态]

2018两岸学前教育峰会在南京隆重举办

2018年6月10日至13日，以"办好人民满意的高质量学前教育"为主题的2018两岸学前教育高峰论坛暨康轩学前教育研究院第二届年会在南京隆重举办。本次峰会由康轩学前教育研究院主办、中国教育装备行业协会幼儿教育装备分会指导，来自海峡两岸的教育专家学者、全国各地的幼教精英共计600余人汇聚一堂，共话幼教发展之路。

本次论坛上，北京师范大学刘焱教授和台北师范学院校长欧用生教授等作了"幼有所育理念下的两岸学前教育发展"的精彩演讲，分别从大陆及台湾地区的视角来解析、对话当下学前教育发展的趋势和未来的发展方向。江苏省教科院幼儿教育与特殊教育研究所叶小红副教授和台北教育大学教育经营与管理学系洪福财教授就"幼儿园课程的变革与发展的趋势"作了专题演讲并展开交流。论坛还从理念引领、发展趋势、经验分享等多个层面对"幼儿园经营—运营管理""课程发展""教师成长"等议题作了深入分析。

与幼儿"谈生论死"
——如何选择生命教育绘本对大班幼儿进行死亡教育

陆银花

（江苏省江阴市夏港实验幼儿园，江苏江阴，214000）

【摘要】 死亡教育是幼儿生命教育不可或缺的组成部分。幼儿阶段，尤其是在自我意识和思维能力迅速发展的幼儿晚期，幼儿开始注意"我"、亲人、同伴的生老病死，花草树木的升华凋散。通过生命教育绘本让大班幼儿了解死亡，明白生命循环的自然法则，思考生命与死亡之间的关系，体会生命与死亡的价值所在，树立积极的人生观和价值观，是课题"利用主题式生命教育绘本培养大班幼儿积极情感的研究"的研究内容之一。关于死亡教育的绘本种类繁多，但并非都适合大班幼儿的发展与认知，如何选择适宜的生命教育绘本成为对大班幼儿进行死亡教育的重要前提。

【关键词】 生命教育；绘本；大班幼儿；死亡教育

死亡问题伴随着幼儿走过成长的各个阶段，新生儿降临、亲人离世、植物枯亡、动物死亡都是幼儿成长道路上避不开的话题，所以幼儿死亡教育应该依据各个年龄阶段幼儿身心发展的特点和规律而进行。死亡教育讲求循序渐进，各个阶段都有不同的教育要求，这是由幼儿不同年龄阶段的心理发展特点决定的。

表1　3—6岁幼儿各学段死亡教育目标

年龄段	学段	死亡教育的目标
3—4岁	小班	懂得自身安全保护，有远离危险的意识和技巧
4—5岁	中班	对死亡有科学的认识，会进行情绪调节
5—6岁	大班	思考生命与死亡之间的关系，体会生命与死亡的价值所在，树立积极的人生观和价值观

借助生命教育绘本对大班幼儿进行死亡教育，旨在让幼儿了解死亡，获得对生命有限性的认识，明白生命循环的自然法则，思考生命与死亡之间的关系，体会生命与死亡的价值所在，树立积极的人生观和价值观。生命教育绘本种类繁多，死亡教育绘本也很多，但并不都适合大班幼儿的发展与认知，如何选择适宜的生命教育绘本成为对大班幼儿进行死亡教育的重要前提。

一、精挑细选绘本，精心设计主题

对于大班幼儿进行死亡教育，切不可抛开"生"只谈"死"，这样过于片面，同时也会使幼儿对"死亡"产生误解。巧妙地借助生命教育绘本对大班幼儿进行死亡教育既符合5—6岁幼儿的年龄特点，又让幼儿在故事中、画面里自我感知什么是"死亡"，避免了教师空洞无力的说教。

"从生到死"是世间的自然规律，万物皆如此，这是对"死亡"最温柔的诠释；"以死观生"则是我们进行生命教育、死亡教育的最终目的。在生命教育绘本中，有大量的绘本是关于出生、成长、死亡主题，教师通过对绘本进行筛选给幼儿呈现出一个完整的生命历程。

作者简介：陆银花（1984—   ），江苏宜兴人，江苏省江阴市夏港实验幼儿园副园长，幼儿园一级教师。

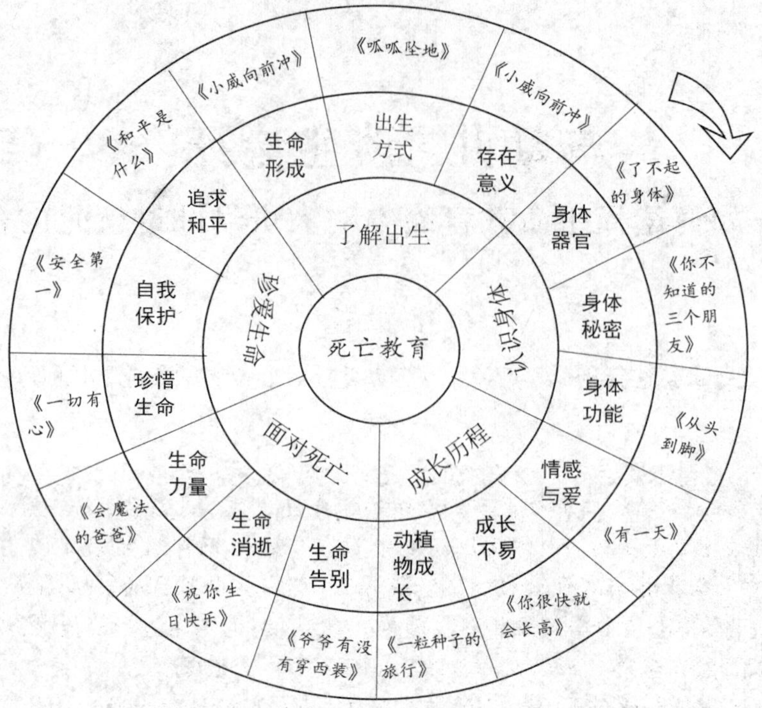

图1 主题式生命教育绘本

二、循序渐进，与幼儿进行完整的生命对话

（一）"孩子，生命很神奇"——了解出生

关于出生的问题，小班的孩子会相信："我是妈妈垃圾桶边捡来的。"中班的孩子会说："是医生切开妈妈的肚子把我抱出来的！"大班的孩子则会寻根问底："我是怎么来的？我为什么是男（女）孩？我在妈妈肚子里是什么样的？"这是因为大班幼儿的自我评价能力逐步发展，自我意识不断增强；同时学前后期的幼儿对周围世界有着积极的求知探索态度，他们不但爱问"是什么"，还想知道"为什么""怎么来的""什么做的"，而且不会轻易被家长"忽悠"，渴望得到科学的答案。

绘本《小威向前冲》讲述的是布朗先生身体里的精子"小威"和他三亿个朋友通过进行一场游泳比赛来争夺布朗太太身体里的奖品"卵子"的故事！这本书把大人难以启齿的"生命诞生"问题用非常幽默轻松的方式表达出来，并以儿童的视角把精子、卵子、受精、遗传等孕育生命的过程，生动而又形象地展现在孩子的面前。这本书对生命教育的最本质问题——个体生命是如何起源并产生的进行了介绍。

那动物的出生也和人类一样吗？

绘本《呱呱坠地》讲述的是不同的动物有着不同的出生方式，它们在妈妈的养育和照顾下，会有不同的成长方式。小兔刚出生时没有毛，小袋鼠会在妈妈的育儿袋里渐渐长大，长颈鹿出生时腿没有力气不能行走，刺猬出生时没有硬硬尖尖的刺儿，小猩猩会一直和妈妈生活在一起直到成年，北极熊会在妈妈怀抱成长，蝙蝠、海豹、鲸都有自己的出生和成长方式。出生是一个个体生命生长的开始，它是生命旅程的起点，动物和人一样，也有各自独特的出生方式及妈妈的哺育方式，虽然动物的出生方式千差万别，但是它们的生命也是从出生开始的。

图2 绘本《小威向前冲》【英】艾伦

图3 绘本《呱呱坠地》【韩】金东秀

当幼儿处于对什么都好奇的童年意识初期，他们需要的答案不是《百科全书》中精准的论述，而是需要符合儿童思维、形象化的解释，剩下的，随着年龄的增长，他们会主动去探究更加详细和精准的答案。

（二）"孩子，你了解你的身体吗？"——认识自己

随着大班幼儿自我意识的不断发展，他们能够意识到自己的外部行为和内部活动，并形成对自我的某种看法："我的肚子里都藏了些什么""我为什么会掉牙，还会长吗""外国人为什么和我们长得不一样""狗的耳朵和鼻子为什么比我的厉害"。

图4　绘本《你不知道的三个朋友》【德】赫姆·海恩

有三个好朋友，从你出生那天起就与你形影不离。他们分别是：住在顶层的脑教授，住在一层的左边房间的心小姐和常年潜伏在地下室的肚子先生，他们的任务各不相同。三个好朋友齐心协力，才使你的生命健康而平稳运行。偶尔，他们也会为一些小事吵得不可开交，这时，你只能静静地等待医生来调解了。这是一个介绍身体器官的绘本，书中大量采用幽默和比喻的手法来形容生活中诸多常见的现象，如噩梦、打嗝、生病等。

通过阅读绘本，让幼儿知道我们不仅有四肢和五官在发挥作用，我们的肌肉、皮肤、大脑都有着各种功能。人类和动物都有很多器官，这些器官各有各的作用。虽然人与动物都长着具有相同名称的器官，但是有的器官位置不同，这些器官各司其职，相互配合、相互作用，所以我们才能更好、更健康地生活。

（三）"孩子，成长不容易"——了解生命成长历程

《你很快就会长高》中的小个子男孩阿力，盼望长大！他按照妈妈、爸爸、姐姐、老师的建议多吃蛋白质食物、多运动、多睡觉、多读书，可是没有用，他一点儿也没有长高，心中很不快乐！高个子叔叔告诉他长得太高也会碰到不少麻烦，并不是件好事，同时告诉阿力一个小秘密：不要只想让个子长高，要内心长大才对。最后，阿力发现叔叔的方法最管用，他变成了最快乐的男孩。

图5　绘本《你很快就会长高》【英】安琪雅·薛维克

对于幼儿来说，大人的世界更加有趣，对于"长大"，心中充满各种想象，好奇心也十分强烈，许多孩子都会渴望一夜长大，期待着长成大人的模样：能自己做主，做自己喜欢做的事，得到自己想要的东西。这些想法都是源自孩子纯真的内心，同时也证明了孩子还不能很好地认识到成长是一个漫长的过程，需要经历许多变化，才能慢慢长大。成长是不易的。

（四）"孩子，学会与生命的告别"——直面死亡

布鲁诺的爷爷去世了，布鲁诺不知道什么是"死亡"，只觉得爷爷在睡觉而已。几天后，布鲁诺还是不见爷爷回来，这时的布鲁诺

图6　绘本《爷爷有没有穿西装》【德】阿梅丽·弗里德

才明白什么叫"死亡"，他非常悲伤，觉得胸口好像有一个大洞在刺痛。随着时间渐渐地流逝，布鲁诺的哀伤变少了，生活又恢复了平静。直到有一天家里有新的生命降临，布鲁诺也终于释怀了。

这个绘本用孩子的语言诠释了什么是"死亡"：想到永远都不能回来，就觉得很悲伤，但依然会好好生活，悲伤会一点点减少，但是不会忘记。有死亡带来的悲哀，也有新生命带来的喜悦，生与死是生命自然状态下再正常不过的轮回。

死亡教育的积极作用在于帮助幼儿面对亲人的死感到恐惧害怕时能够适当地发泄情绪。在死

亡悄然进入孩子的生活之前，教师有意识地向幼儿介绍这方面的常识，使得幼儿有相应的心理准备，当他们真正接触到不愉快、恐惧和悲伤时，他们就可能有能力渡过难关，有助于幼儿面对更严酷的生活经历。痛苦是短暂的，而成长是永恒的，这也是绘本所要表达的。

我们要牢记，谈及死亡时，不能欺骗孩子，让孩子直观地知道"生、老、病、死"是很自然的事情，坦诚地给孩子们最简单明了的回答，点到为止，才是明智之举。

三、回归理性，揭开面纱："孩子，死亡是件危险的事！"——敬畏死亡

死亡教育的绘本很多，《獾的礼物》以诗一样的语言含蓄而婉转地帮助幼儿正确理解和面对死亡；《会魔法的爸爸》用温馨的方式引导幼儿建立对死亡的认知，继而接受死亡；《祝你生日快乐》以一个充满无限可能的结尾让幼儿感受友情，使病魔和死亡不再那么可怕；《当鸭子遇见死神》在幽默诙谐的文字和美丽简洁的图画中，让幼儿和鸭子一起直面死亡。这些绘本在告诉幼儿什么是"死亡"的同时都关注到了幼儿的心理、认知能力、思维发展，幼儿对死亡有了较为"丰富"的认识，却不够"丰满"，因为他们会忽视死亡是危险的。

现在市场上一些暴力色彩过重的书籍和动画片，歪曲了幼儿的心灵；在一些充满浓厚虚幻色彩的网络游戏中，人可以死而复生；而商业利益驱动下的暴力玩具也充斥着幼儿的生活。幼儿受此影响，不自觉地对生命产生轻视，认为人死了是可以"复活"的。

因此，在借助生命教育绘本对幼儿进行死亡教育的同时，不能忘记揭开死亡的温柔面纱，告诉孩子："生命只有一次，死亡是件危险的事，请珍爱生命，保护自己！"

四、归于初衷，"以死观生"："孩子，生命只有一次，请珍爱生命、保护自己"

露露在放学后一直等家长，遇见了好多的人要接她回家，包括她们小区的邻居，还有她妈妈的朋友都说要接她回家。露露觉得自己不了解他们，所以就没有跟他们回家，直到等到她的哥哥出现了，她哥哥是她最亲的人，她对他了如指掌，还是跟着自己的哥哥回到了家。

图7 绘本《我不跟你走》【德】伊丽莎白·崔勒 等

随着年龄和经验的丰富，大班幼儿对死亡的认知更加深刻，对于死亡问题可以很严肃地面对和讨论，这时教育的重点不仅仅是让幼儿知道什么是死亡，更要让幼儿开始思考生命和死亡之间的关系，体会生命与死亡的价值所在，并且树立自己积极的人生观和价值观。

教会幼儿"珍爱生命"，这是一个非常重要的社会话题，同时，它也是生命教育的最核心问题。安全要靠自己对危险的预知与预防，从而树立牢固的安全意识，学会珍爱生命、学会保护自己。

死亡教育并非美化生命，但也不回避生命中的种种矛盾，它教会幼儿认识矛盾，接受矛盾，从而更好地尊重生命、珍惜生命。因此，我们不但要让孩子们体验到"生如夏花之绚烂"，也要使他们在人人都无法逃避的死亡面前能感受到"死如秋叶之静美"的魅力。

参考文献：

［1］崔迪.幼儿园死亡教育的价值及特点研究［D］.东北师范大学,2008.

［2］童宏亮.幼儿园开展死亡教育应坚持的"四大原则"［J］.江苏幼儿教育,2016,（1）.

［3］杜丽花.与孩子谈"生"论"死"——浅议幼儿园的死亡教育［J］.当代学前教育,2013,（4）.

用资源 构主题 享奇趣
——班本主题活动"我和砖的故事"的建构

陈丽英

(江苏省苏州市相城区陆慕中心幼儿园,江苏苏州,215100)

> 【摘要】 在课程游戏化的引领下,本园积极投身于园本课程开发的实践研究中。教师充分利用课程资源,结合地缘优势,借助园内外自然和本土资源,依据幼儿的需求,提供多样的材料和有意义的情境,引发和支持幼儿进入情境,寻找主题,开展持续的、较为深入的班本主题,从而促进幼儿认知、能力、情感、态度、个性等各方面的发展。
>
> 【关键词】 御窑金砖;预设可能;多种学习;追随兴趣;渗透文化

随着幼儿园课程游戏化推进,越来越多幼儿园投身于园本课程开发的实践研究中,教师也越来越明晰课程资源是班本主题建构的重要载体和实现条件,结合地缘优势,借助园内外自然和本土资源,依据幼儿的需求,提供多样的材料和有意义的情境,引发和支持幼儿进入情境,寻找主题,开展持续的、较为深入的班本主题,从而促进幼儿认知、能力、情感、态度、个性等各方面的发展。笔者以大班"我和砖的故事"为例,浅议在班本主题活动的建构中,如何支持幼儿获得直接经验,帮助幼儿优化学习方式,促进幼儿全面主动发展。

一、主题的源起

瑞吉欧的项目教学实践告诉我们:儿童作为学习者的本质,要参与深入、广泛的探索活动,通过不同的媒介区记录、呈现记忆和想法、预测、观察、感觉等,深入探索事物,从而获得领悟,重新建构先前认知,然后再建构和共同建构新的认知。我园地处苏州陆慕古镇,这里有驰名中外的"御窑金砖",学校对面就是御窑金砖博物馆,里面陈列着各种各样的砖瓦陶罐。每次孩子经过,都会被或叠、或堆、或砌成的一面面古朴典雅的砖墙吸引,并发出种种疑问:这是什么砖?砖从哪里来?大小不同、长短各异、有着各种花边的砖是怎么做出来的?那高高的烟囱是什么?一系列疑问被锁定,于是,教师决定让孩子带着问题进行有目的的观察、探索和体验,牵出了班本主题活动"我和砖的故事"。

对于这个主题,教师分析总结了幼儿的已有经验:

(1)幼儿在探究活动中会利用符号、标记、图画、拍照等方式记录自己的发现与内心想法。

(2)在集体活动中能注意听老师和其他人的讲话,对于观察、探索和体验活动有浓厚的兴趣,能有序连贯清楚地表达自己的发现及疑惑和感受,在听不懂或疑惑的时候会主动提问。

(3)活动时能分工合作,遇到困难能一起克服,有初步的小组合作分工能力。当别人有不同看法时,敢于坚持自己的意见,也能接受他人想法。

班本主题的开展,不仅运用了幼儿的前期经验,还能拓展幼儿有关泥土、民间技艺、人文等知识,激发幼儿对本土文化和资源的关心和兴趣,初步形成对周围人和事物的正确态度,这对幼儿的发展具有十分重要的意义。

二、目标与材料的支撑

幼儿在前期关于"砖"的探究中,通过直接

作者简介:陈丽英(1978—),江苏苏州人,苏州市相城区陆慕中心幼儿园一级教师。

观察、向家长和专家询问问题、收集与"砖"有关的各类实物与图片、图书等方法,表达着对"砖"产生的想法、记忆和感觉。在主题活动不断深入后,我们更期望能达到以下目标:

(1)积极制定参观计划,会用符号、图画、标记、拍照等多种形式记录自己的发现,同时能表达自己对砖的感受。

(2)利用陆慕地区特有的黄泥制作砖作品,体验金砖制作的奇妙和制作过程的有趣。

(3)主动参与,乐于尝试,获得更多的观察、体验、记录、表达、合作探究的经验。

(4)在集体中能注意倾听他人讲话,听不懂或有疑问能主动提问。

(5)能主动承担任务,遇到困难坚持不轻易放弃。

在主题构建中,教师期望孩子和本土资源充分互动,在探索、操作、体验中获得表达、合作、坚持等能力的提升,于是,和孩子一起对本土资源进行了深入挖掘。

(一)实物资源

(1)各类砖:金砖、青砖、网眼砖、网砖、红砖等。

(2)普通成品瓦、半成品未烧制的瓦、滴水、筒瓦、花边滴水等。

(3)已经摔打揉捏和好的泥、未经加工的黄泥。

(4)各种制作砖的工具:金砖制作模具、板锤、弓勾、雕刻工具、毛笔等。

(二)场地资源

(1)户外砖陶体验区:砖块建构区、澄泥制作区、砖雕体验区、瓦片涂鸦区等,可供幼儿建构、观察、制作、体验活动。

(2)美术室:运用各种美工材料,通过绘画、粘贴等方法进行砖瓦的创作装饰活动。

(3)御窑金砖博物馆:实地参观,充分了解砖瓦的制作材料、工序。

(三)专家资源

砖瓦制作手工艺人、砖瓦烧制工人可为幼儿提供砖瓦制作体验等方面的相关知识,对顺利开展主题活动提供技术支持。

三、主题的建构与实施

(一)讨论预设可能,设定主题方向

前面已经提到,主题的确定是依托了御窑金砖这一本土资源,接下来,教师就要根据班级情况进一步选择、调整和组织,以适应孩子的需要,建构幼儿的知识。教师们就主题中的资源利用、工具与材料、组织策略等进行了审议,讨论各种各样的可能性、假设和主题开展中可能的潜在方向,提出一些启发性的问题,用在和幼儿的第一次讨论中,如:怎样组织参观博物馆?如果要制作砖,材料从哪里来?要进行怎样的加工?我们可以怎样玩?顺应着这些问题,初步形成了网络图,见图1。

《3—6岁儿童学习与发展指南》中强调:要

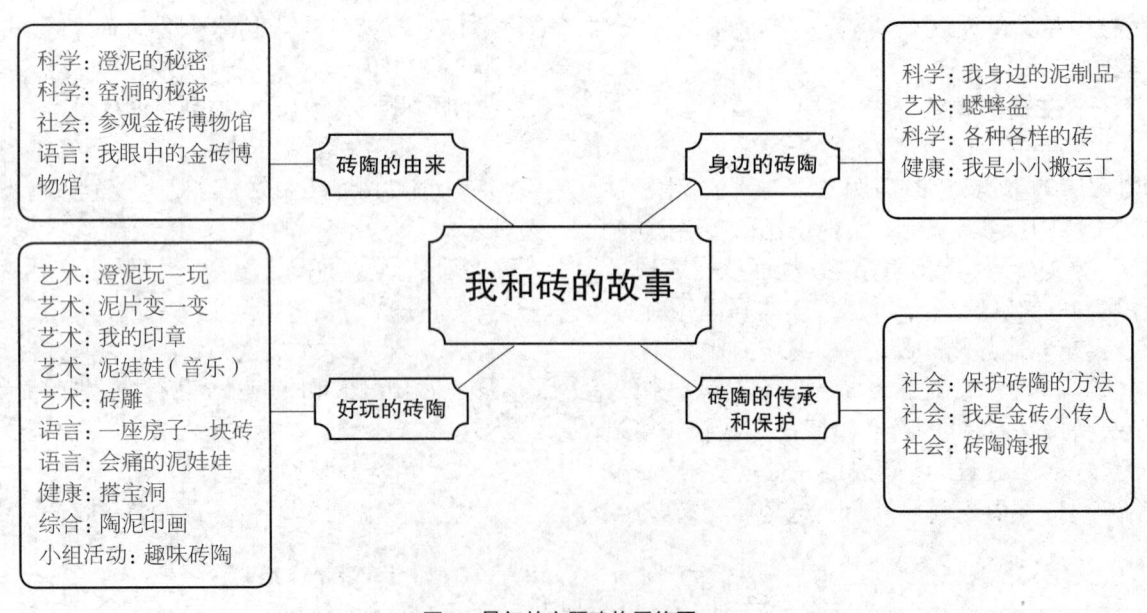

图1 最初的主题建构网络图

充分尊重和保护幼儿的好奇心和学习兴趣,帮助幼儿逐步养成积极主动、认真专注、不怕困难、敢于探究和尝试、乐于想象与创造等良好的学习品质。本主题活动来源于幼儿的疑问,更应回归幼儿的兴趣,引发幼儿主动探索与体验。因此,教师组织了数次集体谈话活动:你们打算怎样去博物馆观察砖瓦?幼儿积极思考并讨论起来:可以设计一张记录表,把我最喜欢的砖画下来;可以用相机拍下来,洗成照片慢慢研究;可以问博物馆的工作人员要几块砖,这样我们可以随时研究;可以多去几次博物馆,把我们想要知道的一个一个研究。教师又问:你们最想了解砖瓦的什么呢?他们说:砖和瓦是怎么做出来的;砖和瓦可以干什么;砖和瓦用的泥土是什么样的;我们可以做吗,等等。在幼儿的热烈讨论中,主题网络慢慢清晰:

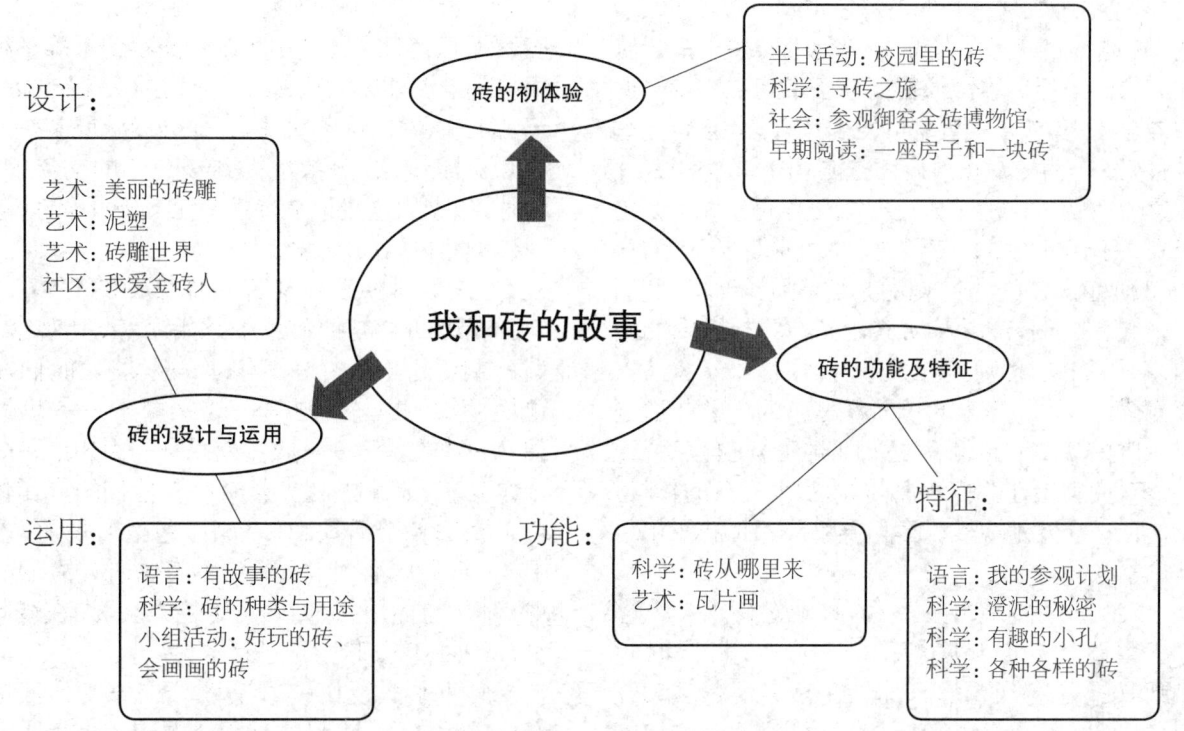

图2　修改后的主题建构网络图

(二)多种学习方式,从间接到直接

在《幼儿园教育指导纲要(试行)》中这样描述:"提供自由活动的机会,支持幼儿自主地选择、计划活动,鼓励他们通过多方面的努力解决问题,不轻易放弃克服困难的尝试""提供丰富的可操作材料,为每个幼儿都能运用多种感官、多种方式进行探索提供活动的条件"。由此可见,幼儿的学习方式是多样的,是从间接到直接、从"掌握"到建构、从一种形式到多种形式。

案例1:参观博物馆

为了了解金砖制作的过程和工序,探索金砖制作的秘密,感受金砖悠久的历史和人文情怀,大班的孩子们走进了御窑金砖博物馆。孩子们在参观前,根据自己的需要,和教师一起制作了参观记录单,上面有参观的路线、自己最想知道的砖的秘密、用怎样的方法记录等等。到了博物馆,孩子们用小手摸,感受砖的质地;用相机拍,体验砖雕作品的精美;用锤子敲,倾听金砖的悦耳声音;听讲解员介绍,了解砖的制作工序;爬上高高的窑,近距离观察窑洞;和烧窑爷爷交流,亲身体验砖的烧制过程。回到幼儿园,将金砖制作的工序,观察到的金砖颗粒细腻、质地密实、敲之有声而得的奇特之处和亲身参与砖陶的烧制过程,充分和同伴交流,还在区域中,把自己的所见所闻所感做成了《博物馆游记》,真正感受到了"金砖"制作之奇妙。

案例2:怎样盖房顶呢?

孩子参观博物馆后,提出想在幼儿园树林迷

宫空旷的水泥地上造房子,同时列出了需要的材料清单:水泥砖、青砖、条边砖和瓦片。于是,砖瓦建构区形成了。刚开始,孩子们倾心于把各种砖用围合、镂空、叠加等各种方法搭建"窑洞"。持续半个月后,他们发现:如果用围合的办法搭,瓦片没办法固定在窑洞的顶上,那怎样才能让瓦片稳稳地固定住呢?他们开始用网上查询、观看建筑图书、搜寻关于造房子的纪录片等方法寻找答案。可是,有好多答案只是纸上谈兵,孩子们并不理解,怎么办呢?细心的老师们请来了幼儿园的维修工(他年轻时是泥瓦匠),让他带着孩子一起研究房顶的搭建。维修师傅把孩子带到了学校附近的拆迁工地上,仔细观察后发现:瓦片并不是像平时看见的一片一片正着码在房顶,里面的很多瓦片是反着放的。这是什么道理?反着的瓦片怎么码起来?维修师傅找来废旧的小床当成房子,带着孩子们开始码屋顶,老师则配合维修师傅一起,利用下雨天,带着孩子一起观察码好在建构区内的屋顶,孩子们惊奇地发现:反放瓦片后,雨水竟然不会倒灌进房子,小床的里面都是干的!幼儿通过和园内的人文资源和附近的场地资源的互动,建构了有关房屋建造的知识,同时提供充分的材料,支持孩子自发地观察、探索与挑战,帮助孩子不断地积累经验。

(三)追随幼儿兴趣,不断丰富情感

主题活动的开展源于幼儿的兴趣,同时也不断地追随着幼儿的兴趣。在整个主题活动开展中,孩子们从探究"砖从哪里来"——"找找身边的砖"——"我也要做砖"——"怎么和澄泥"——"我是小瓦工"等一系列活动,都是根据孩子的兴趣需要生成的,在这些活动中,他们是自由的、快乐的。自主、开放的环节也营造了轻松、愉悦的活动氛围。在活动中,他们积极、主动,并且经常伴随着激动,偶尔也会出现紧张和迫不及待,幼儿的情感在主题中被激发。在"我和砖的故事"主题活动开展过程中,每天都会有很多惊喜,幼儿在惊喜中探究,在探究中获得积极的情感体验。

四、效果分析

一块普通的砖,一个古老的窑,居然有这么大的能量,见证了一群充满求知欲的孩子成长的光芒。

(一)解决问题主动且途径多样

幼儿在了解砖的种类和砖的制作过程中,始终处于主动的状态:自主地寻找身边的砖、记录砖的种类;用踩、甩、踏、揉、捏、滚等方法体验砖的制作,爆发出了很多创造的火花。同时,他们利用和老泥工、园内维修师傅的互动,用网络、用书本等方式,尝试解决问题,借助他人力量提升了经验。

(二)记录方式多元且富有个性

幼儿通过砖的种类调查表、好看的砖雕记录表、澄泥的制作日记、我是小泥工连环画等记录方式记录着自己和砖的故事,有的用图画、有的用拍照、有的请家长帮忙;用图画和文字记录等多种方式,把自己想要知道或已经知道的关于砖的一切记录下来,并向同伴讲述自己的发现,就某些问题展开交流讨论,有效地提升了孩子的交流能力。同时,孩子的这些记录方式多元又极具个性,培养了孩子的自信与表达能力。

(三)同伴合作紧密且自主自发

大班幼儿的抽象思维开始萌芽,其观察、质疑、合作能力开始有了稳步的发展。他们在主题活动中,提出问题——观察探索——思考猜想——体验验证——收集信息——得出结论——合作分享,整个过程完整有序。他们的合作体现在主题的各个活动和环节中,包括参观前、参观中、参观后的各种讨论,然后集体研究澄泥的发现、制作与运用,最后向手工艺人学习,在彼此紧密合作中,自发自主地进行探究。

虞永平教授说:"没有哪个商家为你准备所有的课程资源,大量的课程资源应该来自生活当中,挖掘生活中的多样资源应该是老师的重要职责。资源的种类、数量直接影响到孩子的活动,影响到孩子获得什么样的经验,最终影响到教育质量,影响到孩子的发展的目的有没有达成。"当我们顺应幼儿学习发展的需要,关注身边有用的优质的课程资源,真正让资源在课程中发挥其重要的作用,孩子才能享受奇趣,享受学习的幸福。

参考文献:

[1] 王春燕.幼儿园课程概论[M].北京:高等教育出版社,2014.

[2] 卡洛琳·爱德华兹,莱拉·甘地尼,乔治·福尔曼.儿童的一百种语言[M].南京:南京师范大学出版社,2006.

追随幼儿的发展
——中班下学期"先目测再接数"的学习策略探究

陈宝红

（江苏省仪征市实验幼儿园，江苏仪征，211400）

【摘要】 追随中班上学期幼儿已有的知觉性数觉，确立中班下学期幼儿"先目测再接数"的阶段目标，通过创立前置操作环境，投入大量可供幼儿选择的适合自己能力的材料，让幼儿在自然情境和非正式的活动中，在宽松的没有划一标准的压力的环境中进行各种新的数数方法的探索操作，收获对概念性数觉的感知及对"先目测再接数"数数方法的体验。教师则在幼儿的非正式活动中，观察了解幼儿在学习目测数群中的不同发展水平，以及需要帮助解决的问题，追随幼儿的发展组织结构性数学活动，助幼儿从"数学行动"走向"数学语言"，从"具体表象"走向"概括抽象"。

【关键词】 知觉性数觉；先目测再接数；概念性数觉

中班上学期的幼儿已具有一定的推理点数能力，表现在：(1)会一个数词只与点数的一个物体相对应。(2)能正确说出数词的顺序。(3)点数可以从任何一个数开始。(4)理解最后一个数词就是这组物体的总数。中班上学期幼儿已具有一定的知觉性数觉，能够一眼就"看"出摆在面前的一组物体的数量，但通常中班幼儿的这种数觉只局限于4以内的数量。而发现一组物体的数量模式即概念性数觉则没有，如中班上学期的幼儿一般不会把一个8点的"模式"分成两组4点从而得出总数。中班上学期幼儿在数数时会借助已形成的经验停留在逐一点数的水平上，如果要求幼儿数得快时就容易出错，虽然他们基本能目测4以内物体的数群，但不会合理运用经验点数超过5的物体数量。有目的有计划地从中班下学期培养幼儿目测数群的能力，和让幼儿长期停留在逐一点数的水平上，任其发展的结果会完全不同。幼儿把握目测数群数数的方法，都要经过一个从混沌到发现、从发现到顿悟的过程，并存在着明显的个别差异。所以，我们在自然情境下、非正式的活动与结构性活动优化组合的教育教学模式中研究以幼儿知觉性数觉为基础、以推理点数为推手、以发展概念性数觉为目标对幼儿进行目测数群的培养，学习先目测再接数的方法，提高幼儿数感，获取数概念。

一、追幼儿的已有经验，立适宜的活动目标

首先我们立足于幼儿已有的知觉性数觉，引导幼儿学会把握对被数物体先目测一部分，再接着数完全部的方法，将培养幼儿目测数群能力分为两个阶段：第一阶段：先目测数群一部分（4以内的数量），再接着数完全部。即学会10以内从任何一个数接着往下数，如在拍皮球的时候两人或以上接着拍接着数，开火车游戏从前者数数的基础上接着往下数，然后使用操作材料进行目测数群接着数的学习。再在自然情境下、非正式的活动中，教师有目的地设计游戏，投放大量供幼儿操作的材料，鼓励幼儿自主操作，如游戏"时令菜肴"：自制骰子1个，上面标有点数6—10。在角色区投放各种各样的菜和锅。请幼儿掷骰子做菜。根据骰子上的点数，选择两种不同品种的菜配在一起混合放在锅里，掷到10，先投放6根竹笋，再用接着数的方法投放4条鱼。通过与操作材料的互动亲历体验学习过程，在摆弄中积累实际操作先目测一部分再接着数完全部的经验，主

作者简介：陈宝红（1966— ），江苏省仪征市人，江苏省仪征市实验幼儿园高级教师。

动内化数概念。

第二阶段：建立数量模式，逐渐增加目测的数量，提高幼儿目测数群数数的能力，采用比较、竞赛、讨论等方法，使幼儿体验到先目测部分越多，则数完全部就越快，激励幼儿能在目测时增加数量，提高数数能力。

二、促幼儿发展创前置操作环境，供幼儿感知、体验、收获

皮亚杰说："抽象的思维起源于动作。"幼儿以具体形象思维为主，通过直接感知、实际操作和亲身体验获取数学经验，在探究具体事物和解决实际问题的过程中发展逻辑思维能力。幼儿需要通过与环境相互作用，丰富对目测数群的感知，逐步内化数学经验，并建构新的经验。为此，我们在幼儿已有的4以内知觉性数觉基础上，追随幼儿的发展，有意识以材料为载体、以观察为回应创设环境，让幼儿感知、操作、体验，积累"先目测再接数"的数数经验。

（一）材料——强调游戏性具备学习性

培养幼儿的目测能力，建构数概念需要建立在多样化的经验和体验的基础上，有赖于在自然情境下及非正式的活动中对具体事物的反复探索和亲身体验，通过丰富幼儿现实经验和幼儿对具体材料的操作来发展幼儿的知觉性数觉，因此，投放的材料必须具备以下三个要求：

（1）操作性强，能让幼儿动手动脑。

（2）暗示性强，具备多种目测数群的条件，让材料成为幼儿不说话的老师，使幼儿在操作材料时，能从材料所暗示的条件中运用经验学习目测。

（3）趣味性强，按照中班下学期幼儿活动的特点，增加操作材料的游戏性，使幼儿在自主选择操作中有兴趣投入。

（二）投放——把握经验性彰显层次性

幼儿学习先目测再数数需要一个渐进的过程，所以在投放材料时要清楚与目测关键经验相对应的幼儿学习与发展的路径，预先思考：所要投放的材料与幼儿通过操作该材料可能达到的目标之间可以分解出几个与幼儿认知水平相吻合的渐进操作层次，进行分批投放。

第一批次投放材料限于蕴含4以内的数量，观察孩子知觉性数觉。通常在点数经验的基础中，幼儿刚开始的数觉只局限于4以内的数量，孩子是否具有能够一眼就"看"出一组物体数量的能力，观察孩子的表现是否看到一组物体时，不用点数或分组，就直接说出总数。

第二次投放蕴含"先目测一部分，接着数完全部"的材料。幼儿在非正式的活动中，接触这部分材料，鼓励幼儿尝试探索新出现的数数方法，在尊重自主的原则下，采用建议、鼓励、结伴、提供支架加入等方法让尚未参加新材料操作的幼儿，产生操作的愿望和行为。在部分幼儿思维定势在从第一个开始逐一点数的方法上时，必须搭建支架——在已点数完毕的一组物体中添加新的物体，引导他们接着往后数，积累新的数数经验。

第三次投放的材料中蕴含一组物体的数量模式，注重材料的引导性设计，发展幼儿模式能力。随着幼儿点数和模式能力的发展，幼儿的概念性数觉随之发展，不用点数，随着数量模式的出现，幼儿观察会把4点、6点、8点的"模式"分成两组2点，或3点，或4点等，从而得出总数4，或6，或8等。为此我们根据教育目标，追随幼儿的发展水平，预设幼儿操作和探究的方向，思考设计的游戏对应数量模式的关键经验，提供操作材料给幼儿做"指路"线索，帮助幼儿以模式方式尽快切入，从而促使幼儿在自我探究式的学习中获得更有价值的体验和发展。

第四批投放数量模式与数数相结合的材料，让幼儿灵活运用先目测再接数的方法参与游戏"看谁数得快"，引导幼儿比较"逐个数"与"先目测一部分，接着数完全部"两种数数方法，鼓励幼儿参与新方法的学习。设计游戏"掷骰子"：自制骰子1个，上面标上数量模式与数量相结合的点数10—15。将10—15的数字卡片正面朝上摆放在桌子上。3名幼儿一组进行游戏。一名幼儿掷骰子，另外两名幼儿数出骰子上的点数，并迅速找出桌子对应的数字卡片拍上去。反复多次进行，互相检查，看谁拍的卡片多。有意识地拓展幼儿对目测认知的深度和广度。

幼儿要改变已经习惯了的从第一个开始逐一点数的方法，必须积累新的数数经验，并体验到它比原来的方法更快，尝到甜头，才会自觉使用。为此，要在自然情境下和非正式的学习活动中，投入大量可供幼儿选择的适合自己能力的材料，在一个比较长的时间内，在宽松的没有划一标准的压力的环境中进行各种新的数数方法的探索操作。

（三）观察——促进有效性关注持续性

为了准确追随幼儿的发展，故根据以下要点

观察幼儿操作学具进行目测情况，了解幼儿目测水平：

（1）幼儿能目测多大的数？目测完毕一组物体添加新的物体后，他们是接着往后数还是从头开始？

（2）目测时会犯哪一类错误？是常态性的还是偶然为之？

（3）在目测时是否具有了概念性的数觉？能否对一组物体的总数作出合理的估计？并在点数完一部分后对自己的估计进行修正？

（4）目测准确吗？会检查结果吗？

（5）知道一组的总数后，幼儿能否利用这一信息算出另一组物体的数量？

这些问题帮助我们更好地评价幼儿是否已经具有了一定的目测经验，并对幼儿的学习结果进行反思，发现应特别关注的问题，及时对这些问题进行分析，梳理出隐性支持手段的相关策略积极应对：第一，通过游戏环境的调整，可以满足不同能力水平的幼儿学习和发展的需要。第二，通过游戏材料的调整，增加游戏的挑战性，使幼儿在游戏中获得最大限度的发展。第三，通过材料摆放方式的调整，丰富材料的组合方式，使幼儿产生更多的玩法和探究行为，从而使幼儿的有效学习成为可能，助推幼儿持续发展。

三、追随幼儿发展开展结构性的活动，助幼儿从"数学行动"走向"数学语言"，从"具体表象"走向"概括抽象"

幼儿在自然情境下、非正式活动中广泛接触操作材料，大胆探索，自主地进行学习，积累了目测数数的经验，为展开结构性学习提供了条件。我们在幼儿的非正式活动中，观察了解幼儿在学习目测数群中的不同发展水平，以及需要帮助解决的问题，在此基础上适时以结构性数学活动介入幼儿目测数群的学习，支持幼儿目测能力向更高水平发展。首先通过"数卡片上的点子"的讨论积累总结"先目测一部分，接着数完全部"的经验，学习"先目测一部分，接着数完全部"的方法，逐步培养和提高幼儿目测一部分数群的能力。这个环节让幼儿运用在非正式的活动中积累的经验并进行交流，帮幼儿将个人点滴零散的经验进行总结、归纳，及时引导幼儿对自己在目测中的数学思维过程进行梳理与分享，发展幼儿的数学语言交流能力，将个别经验升华为共同经验。

接着个别操作——做糖葫芦，将学习到的"先目测一部分，再接着数完全部"的方法进行运用，幼儿人手一份材料：用游戏棒串着木珠及游戏棒串下端的数字吊牌。幼儿按数字吊牌上的数字，先看已有几个糖葫芦，再接着往下串接着往下数。与邻座幼儿将糖葫芦说一说，先看见几个糖葫芦，再接着串接着数。

最后情境游戏：购物。将学习到的"先目测一部分，接着数完全部"的方法进行提升，幼儿按妈妈的要求去购物：购有7朵花的毛巾、8个点点的杯子、有9个糖葫芦的糖葫芦串、有10个环的项链。甲是先看到3个红色的接着往下数4、5、6、7、8、9、10黄色的。乙是先看到7个黄色的接着数8、9、10红色的，哪个办法更快些，为什么？幼儿不仅仅是通过"做"来学习，还需通过思考以及谈论他们所做的事情进行学习，引导幼儿准确表达自己的想法，并能够说服他人；能够倾听他人的解释，理解他人观点，并对他人观点进行反思、评价或解释、反驳等；幼儿进行分享交流，或是师幼间的双向交流，或是教师与幼儿间的多向交流，对自己的数学思维过程进行梳理、分享、强化，从"数学行动"走向"数学语言"，从而获得对于目测数群规律性的认识，从"具体表象"走向"概括抽象"。

在结构性活动中，幼儿运用已积累的经验，在运用中提出问题，通过比较、思考、讨论，幼儿认识到先目测部分的数量增多，就能数得更快，在认识的基础上激励幼儿具有增多目测数量的要求、愿望和行动。幼儿在以后的自然情境下、非正式活动中可以按照他们不同的思维发展水平自定努力目标，再去做进一步的尝试、体验，积累更多的经验，使自然情境下的、非正式学习与结构性的学习活动之间相辅相成，互为促进。

四、视幼儿发展挖材料蕴含的价值，拓幼儿学习的广度

幼儿的目测经验和探究能力有一个逐步积累、发展的过程，因此，视幼儿的经验积累、兴趣需求，后阶段设置同一情境、同一内容、不同的教育价值的材料，在与幼儿的互动中有意识地拓展幼儿目测数群的广度，支持幼儿不断深入地探究。如：为幼儿提供具有多种特征的一组同类物品，让他们迁移运用目测数群数数时，通过观察被数物体的特征，从分类开始产生各不相同的思路，让幼儿自己从不同角度对材料的数学学习价值进行挖掘，从中获取材料蕴含的数学（下转第74页）

多模态视角下《亲爱的小鱼》亲子阅读的意义解读

马 娟 丁利芳

（山东英才学院学前教育研究院，山东济南，250104）

【摘要】 基于英国语言学家韩礼德（M. A. K. Halliday）系统功能语言学而兴起的多模态语篇分析是当下语言研究的新领域。根据这一理论，除却纯文本，图像、声音、色彩等其他符号在意义建构的过程中均发挥着重要作用。亲子阅读是家长与3—6岁幼儿在轻松阅读的家庭环境中，通过各种形式（朗读、讲解、游戏、表演等）对图像、文字、声音等信息的认知过程。[1]亲子阅读对于塑造幼儿人格，增进亲情以及促进幼儿语言能力发展等方面具有重要价值。作为亲子阅读的重要媒介，图画书是集文字、图像为一体的一种幼儿文学体裁，在亲子阅读过程中伴随着声音、眼神和动作等，给予幼儿以视觉、听觉、触觉等多模态的感知。本文选取幼儿图画书中极具亲子互动代表意义的《亲爱的小鱼》，运用多模态语篇分析方法对其进行解构与重构，探究亲子阅读独特的多模态特质。

【关键词】 多模态；亲子阅读；亲爱的小鱼

多模态话语分析（multimodal discourse analysis）是一种融合了多种交际模态（如声音、文字、图像等）来传递信息的语篇，它以英国当代语言学家韩礼德（M. A. K. Halliday）创立的系统功能语言学为理论基础。复旦大学朱永生教授（2007）指出[2]，多模态话语分析的方法主要有二：一是确定不同成分之间的语法关系；二是厘清文字和图像之间的关系。这两种方法语言学家克瑞斯和勒文（Kress, Leeuwen）都分别给出了思考路径。

首先，在确定多模态话语的语法关系方面，克瑞斯和勒文提出借用韩德礼系统功能语言学的语言三大功能假说，分别从概念功能、人际功能和语篇功能三个不同的层面分析图像等视觉符号的语义关系[3]。其中，概念功能指语言对存在于主客观世界的过程和事物的反映；人际功能是反映人与人之间的关系，表明人们之间的社会地位和亲疏关系；语篇功能是人们通过把词或句组成语篇（口头或书面）来表达完整的思想。基于此克瑞斯和勒文认为，多模态话语中的声音、文字或者图像符号不仅可以反映客观世界和主观世界发生的各种事件，还可以表现各种各样的人际关系；与此同时，符号内部也是一个有机的连贯的整体。

其次，在厘清文字和图像之间的关系方面，克瑞斯和勒文提出，通过视觉结构所生成的现实世界的各种图像，与那些生成、传播和阅读这些图像的社会机构的利益是紧紧联系在一起的。它们是表达意识形态的。视觉结构绝不只是形式的，它们在语义上也是非常重要的[4]。这意味着图像和语言一样，对社会现实和心理现实既具有复制作用，又具有重新建构的作用。

基于多模态视角，对《亲爱的小鱼》亲子阅读的意义解读，体现为采用多模态话语分析的方法，从图画书《亲爱的小鱼》本身和亲子阅读过程两方面进行分析和解读。

一、多模态视角下，图画书《亲爱的小鱼》亲子阅读的意义解构

图画书《亲爱的小鱼》是法国作家安德烈·德

项目来源：本文系"基于多模态信息技术的留守儿童发展评估和教育促进研究"项目（项目编号：BHA160085）阶段性研究成果。
作者简介：马娟（1989— ），安徽阜阳人，山东英才学院学前教育研究院讲师。

昂（André Dahan）的经典作品，作品以图文并茂的方式介绍了一只猫和一条鱼的故事。该作品借助于文字、图像以及图画书的翻页结构，融合了视觉、听觉（对于年幼儿童来说，文字的接收渠道主要是听觉）和触觉的多模态感知渠道。

（一）多模态视角下，图画书《亲爱的小鱼》的意义解构

在多模态话语的语法关系方面，借助于韩德礼（Halliday）的系统功能语言，从概念、人际和语篇三方面对图画书《亲爱的小鱼》进行意义的解构。首先在概念意义层面上，《亲爱的小鱼》探讨的是一只猫倾自己的爱在自己养的一条小鱼身上，从抚养长大到放生到河边等到大鱼回来看自己，行为者（actor）是猫，其关注对象（goal）是小鱼，鱼缸和大海是环境（circumstance）。其次在人际意义层面上，《亲爱的小鱼》探讨的是一只猫和鱼的依恋关系，面向幼儿阅读对象，猫隐喻着家长，小鱼隐喻着孩子，在家长的爱中长大的孩子需要到比鱼缸（家庭）更大的大海（社会）中去自由探索生命的意义。

作为幼儿图画书，设计者通过对故事内容的介入（involvement）程度来达到与幼儿、家长沟通的目的。最后在语篇意义层面上，《亲爱的小鱼》将故事节点定在猫站在鱼缸前想象，如果有一天小鱼大得鱼缸再也装不下时自己会将它放到大海里，并且自己会在海边等待小鱼游回来。之后的故事情节全部是故事行为者猫的想象内容，在这种前后文字和图像的安排下，读者得知图画中的已知信息（given information）是猫养了一条小鱼并且很爱它，新信息（new information）这是猫的想象，想象自己将小鱼放进大海，想象自己在海边不懈地等待，想象小鱼回到自己身边的欣喜。从而在此处，读者认清《亲爱的小鱼》中家长对孩子的爱是多模态话语的起点（point of departure），而家长合适的教养态度、适度的爱即给予孩子应有的自由是多模态话语想要传递的信息焦点（information focus）。多模态视角下，通过对图画书《亲爱的小鱼》意义解构，提炼出其所要传达的信息焦点，发现其在亲子阅读过程中的可能作用。通过以上多模态分析与解构，图画书《亲爱的小鱼》不仅帮助家长学会爱孩子、尊重以及陪伴孩子，同时结尾处小鱼不负猫的等待回归也启发幼儿在追逐自己生命意义的同时也不要忘记尊重爱，回应爱，学会感恩。

（二）多模态视角下，图画书《亲爱的小鱼》亲子阅读的意义解构

基于多模态话语分析图画书《亲爱的小鱼》亲子阅读，依然借鉴韩德礼（Halliday）的系统功能语言学观点。首先在概念意义层面上，《亲爱的小鱼》亲子阅读是家长与幼儿在轻松阅读的家庭环境中，通过各种形式（朗读、讲解、游戏、表演等）对图像、文字、声音等信息的认知过程。此时的行为者（actor）是家长，其关注对象（goal）是幼儿，轻松温暖的家庭阅读氛围是环境（circumstance）。在人际意义层面上，《亲爱的小鱼》亲子阅读体现的是一种儿童与成人进行游戏的过程，而这种游戏自始至终儿童获得最多的是成人的爱，如果不能够使儿童得到这种爱，那么游戏在儿童眼中就是失败的[5]。

作为一种亲子互动活动，家长通过对幼儿阅读经验的介入（involvement）程度来增进亲子关系，促进幼儿发展，陶冶幼儿情操。在语篇意义层面上，《亲爱的小鱼》亲子阅读过程中，家长把故事的完整内容传达给孩子的同时，通过自己在阅读过程中的表现（语言、表情、动作）等传达出自己的情感与认知导向。在此过程中，图画书的故事内容是已知信息（given information），家长在讲解图画书过程中传递出来的情绪情感以及价值观念是新信息（new information），每位家长在与自己孩子互动的过程中传递出来的体验都是不一样的。因此，《亲爱的小鱼》亲子阅读过程中，家长对于图画书的讲解是多模态话语的起点（point of departure），通过亲子阅读达到与孩子良性沟通的目的，陪伴孩子、让孩子感受到爱则是亲子阅读多模态话语想要传递的信息焦点（information focus）。多模态视角下，通过对图画书《亲爱的小鱼》亲子阅读意义解构，提炼出亲子阅读活动过程中行为者需要关注的信息焦点，以帮助亲子阅读的指导者家长认识到自身的独特作用。幼儿由于年龄小，认知和经验不足，对于图画书中的文字和图画的理解和体验需要家长的解读和转化。家长对文本中的文字和图画进行讲解，帮助幼儿理解是顺利进行亲子阅读活动所必不可少的[6]。因此，在亲子阅读过程中需要关注作为行为主体的家长在亲子阅读中的独特影响，尤其需要关注优秀的图画书对于家长的作用。世界上没有完美的家长，具有启发意义的图画书通过多模态的渠道成为沟通家长和幼儿两端的重要桥梁。

二、多模态视角下，图画书《亲爱的小鱼》亲子阅读的意义重构

运用多模态话语分析图画书的另一方法是厘清文字和图像之间的关系。图画书之"图"并不是文字的附属品，图像和文字之间是相辅相成、一同诠释文本内容的另外一种"语言"[7]。多模态话语系统中的文字、图像等符号系统形式并不仅仅是形式上所展现的意义，还有其内在的丰富内涵。它在复制、反映、再现现实的同时又引起现实的思考，拓展现实，引起现实意义的新构建。

多模态视角下，作为幼儿图画书，《亲爱的小鱼》故事中的行为者猫和关注对象鱼可以是家长和孩子的依恋关系，也可以是幼儿与同伴间的友谊关系，还可以是幼儿和自己所养宠物间的主仆关系等。在第一层解构层面上，故事读者可以根据自身经验与需要解读为其中某一种关系。基于解读结果确定故事行为者与关注对象之间的人际关系，从而体会设计者通过对故事内容的介入（involvement）程度所预期达到的人际关系思考。立足于故事的语篇结构、故事的前后语篇节点，行为者猫站在关注对象鱼面前想象鱼儿长大后自己的所作所为。在这种情境下，已知信息是行为者对关注对象的爱，新信息或者未知信息是行为者的行为结果以及关注对象的反应。由此可见，故事传达的是一种态度。在行为者的想象中，自己给予关注对象以自由和尊重是能够换来关注对象的回应的，而现实可能不是。但即便事实不如人意，故事所传递的内容读者还是愿意接受。当读者认识到行为者对于关注对象的爱是起点，而适度的爱即给予关注对象应有的自由是信息焦点时，故事便已经是成功的了。

以上是针对行为者与关注对象的某一关系而言，优秀的文学作品总是不限于某一具体意义或思想的传达，它往往言近而旨远。图画书《亲爱的小鱼》所探讨的内容并不仅仅是亲子关系、同伴关系或者主仆关系，概括而言，猫和鱼的关系可以延展为一切生命的友爱亲密关系。通过这种关系的重构，图画书《亲爱的小鱼》在多模态视角下的信息起点不再是故事里面行为者猫对于关注对象的爱，而是现实中每一个个体对于所处联系中的另一个体所展现的爱。相应的，信息的焦点便是如何爱，爱不是控制，不是捆绑，是尊重，是陪伴。

多模态视角下，图画书《亲爱的小鱼》亲子阅读作为一项亲子阅读活动，随着图画书意义的重构也发生了应有的变化。作为家长与幼儿互动的重要媒介与环境，图画书所传达的多重层面的爱与亲密的关系，需要每位家长结合自身具体的体验加以阐释与指导。图画书中所传达的一切生命友爱与亲密关系的合理相处方式需要通过家长发掘。因此，探索图画书应有的价值，发挥其在亲子互动中的重要作用，需要通过家长的积极参与。而家长如何发挥自身的作用，通过自身的多模态重构获取图画书的信息焦点，并以合适的方式传递给孩子，让孩子获取图画书、家长多重作用下的多模态信息焦点，这是一个需要学者持续探究与发展的问题。

此外，《亲爱的小鱼》图画书故事情节里的最大冲突是猫和小鱼。现实中的"死对头"，却不顾现实地在图画故事里相亲相爱。但从幼儿天真、质朴，超越现实的想象特点出发，这完全是可以接受的。因此，无论是对图画书的解构与重构还是对亲子阅读过程中家长参与角色的阐释，幼儿能否接受是亲子阅读活动选择何种作品最根本的原则。

参考文献：

[1] 宋然.3—6岁幼儿家庭亲子阅读现状调查[D].天津师范大学,2017.

[2] 朱永生.多模态话语分析的理论基础与研究方法[J].外语学刊,2007,(5).

[3] Kress, G.,Leeuwen, TheoVan. Multimodal Discourse: The Modesand Media of Contemporary Communication [M]. London: Arnold, 2003.

[4] Kress, G., Leeuwen, TheoVan(2nd Edition). Reading Images: The Grammar of Visual Design[M]. London: Routledge, 2006: 47.

[5] 伍新春.早期阅读应从"分享"开始[J].早期教育,2004,(7).

[6] 单冬雪.亲子阅读活动中的家长角色研究[D].东北师范大学,2014.

[7] Perry Nodelman.Words about Pictures: The Narrative Art of Children's Picture Books[M]. Georgia: University of Georgia Press; Reprint, 1990.

符号互动理论下的幼儿早期阅读

石腾峰　曹爽

（吉林华桥外国语学院教育学院，吉林长春，130117）

> **【摘要】** 符号互动理论是研究社会微观层次互动过程的社会学理论，它强调人类制造和使用符号，借助符号进行交往，通过角色领会进行互动。符号互动理论在幼儿早期阅读中具有重要的应用价值，体现在：互动阅读是早期阅读最有效的形式；构建科学合理的教师角色，树立正确的阅读观；创设具有互动意义的阅读环境；掌握科学的阅读技巧，进行角色游戏互动；在家园联合互动中开展早期阅读活动。
>
> **【关键词】** 符号互动理论；早期阅读；互动阅读

符号互动理论创立于20世纪初的美国，主要研究的是小群体中人与人之间的微观互动过程，以及产生这些互动活动背后的主观思维反应。在德国社会学家格奥尔格·齐美尔看来，"人与人之间的交往互动促进了社会结构的产生，社会只不过是替代了单纯的个体集合而已……正是这种个人之间有意义的交往互动关系使得社会得以产生、维持与延续"[1]。

符号互动理论的主要观点可以概括为：人类创造并使用符号进行交往互动，人类的独特性在于他们具有运用和理解象征符号的能力；互动的本质在于人们通过常规姿态运用他人的视角以角色领会适应特定的情境；人类通过符号中介性的互动创造、维持与改变社会结构。符号互动理论强调人与人之间通过符号中介进行的交往互动，此类观点可以应用于早期阅读中。这里我们对幼儿早期阅读下一个定义：早期阅读，是指以幼儿园和家庭为主要阅读场所，通过成人为幼儿提供各种符号材料如图画书、图片、各种标识等，使幼儿凭借色彩、图画、文字并在与成人、环境的互动中能够理解并运用象征符号，逐渐形成并发展自我意识，进行自我建构的过程。

一、互动阅读是早期阅读最有效的形式

查尔斯·库利将幼儿园和家庭视为一种"初级群体"，幼儿与教师、同伴之间的交往互动可以培养其善良、友爱等特殊品德。幼儿与教师、同伴之间的交往互动亦属于欧文·戈夫曼提出的"焦点互动"[2]。焦点互动发生于人与人之间集中感官知觉进行面对面互动的时刻，如教师与幼儿进行早期阅读时亲密、面对面的师幼互动。幼儿园是一个相互交往作用的互动群体，而互动阅读是开展早期阅读活动最有效的形式。

集体阅读是幼儿园进行早期阅读最直接有效的一种阅读形式，是在教学活动中运用最多的一种组织形式。集体阅读中，教师应尽可能调动幼儿多感官[3]，使用多种形式的象征符号进行互动阅读。图画书的阅读往往从观察入手，为了让幼儿能在观察的基础上更好把握所阅读图画书的主题，教师应在集体阅读中引导幼儿对图画书的重点页进行细致观察，读懂、读透这些特殊页对整

项目来源：本文系吉林华桥外国语学院资助校级项目"对幼儿隐私保护意识缺失的现状及分析"（项目编号：【201859】）阶段性研究成果。
作者简介：石腾峰（1993— ），河南洛阳人，吉林华桥外国语学院硕士研究生；曹爽（1995— ），浙江金华人，吉林华桥外国语学院硕士研究生。

个故事的理解起到事半功倍的作用。例如,《一园青菜成了精》的第3页,"他们个个成了精",对书中的关键起到承上启下的作用。"都变成什么样了?成精以后发生了什么事"是最直接的问题;教师在与幼儿进行提问互动时,要注重提问的趣味性、开放性、启发性、具体性和适宜性,以调动幼儿回应的积极性,激发幼儿思维的灵活性,扩展幼儿思维的发散性,提升幼儿学习的时效性和思维的逻辑性。

自主阅读也是幼儿园开展早期阅读活动的主要形式之一。幼儿在阅读学习的过程中,通过阅读经验的积累而逐渐建立起自主阅读的意识与技能。[4]为了实现幼儿自主阅读的过程中有效的师幼互动,教师可以根据图画书的封面、环衬、扉页等画面,留有悬念,使幼儿作合理的猜想,激发自主阅读的兴趣。例如《谁在里面?》,教师可以利用提问引导幼儿观察封面进行猜测:"小朋友们猜猜看谁在里面呢?"幼儿顺着这个话题去猜测,整个阅读过程就会很积极。

此外,教师也要通过引导幼儿对图画书细节的观察,使幼儿逐渐形成提问质疑的意识,从而建构起双向平衡的师幼互动关系,使得幼儿在互动阅读中成为积极的参与者。同时,在互动阅读中,教师还要注意引导幼儿同伴之间的经验交流。只要幼儿能够解释自己的阅读行为,就能够成为他的收获。并且幼儿之间交流的语言和方式是彼此之间最易接受的。例如在《獾的美食》中,教师可以让幼儿在阅读中讨论:"獾的心情是怎么样的?你是怎么看出来的?"借此分享同伴之间的阅读经验,培养幼儿自主阅读的能力。

二、构建科学合理的教师角色,树立正确的阅读观

米德首次将"角色"这一概念纳入符号互动理论之中[5],他视角色领会为人类社会进行交往互动的基本机制,因为个体通过角色领会这个机制以体会到他人和群体的视角。在米德的理论中,"教师角色"可以视为初级群体中共同信仰、价值观念等对自我的一般设定。吉·莫雷顿的角色扮演理论认为,每个人都在不同的场合扮演着不同的角色。比如,一名女性在家庭中同时扮演着女儿、妻子、母亲的角色,在工作单位又扮演着员工、同事的角色。教师角色也符合"身心角色"[6](扮演这种角色完全是无意识的,受到社会文化的制约)这一概念。

教师在与幼儿进行早期阅读活动时要构建科学合理的教师角色,包括教师作为幼儿早期阅读活动的示范者、引导者、参与者与支持者。儿童的学习是一种观察学习,教师在幼儿园中除了扮演幼儿照料者的角色,同时还要扮演幼儿学习榜样的角色。教师自身要养成热爱阅读的良好行为习惯,教师的阅读示范对幼儿阅读兴趣的激发和阅读习惯的养成能够产生积极作用。在一日活动中教师要注意引导幼儿关注阅读符号,引发幼儿自发的阅读行为并参与到幼儿的阅读活动中。幼儿在与教师经常进行的互动阅读中,在教师倾听、接纳、赞许的鼓励和支持行为下,逐渐萌发出阅读的欲望,产生阅读的兴趣,获得阅读的胜任感。

库利的"镜中自我"以及托马斯的"情境定义"理论[7]都强调情境对个体行为的影响,即个体的行为受到自我对情境解释的影响。在早期阅读活动中,教师的指导行为必然受到其对早期阅读这一活动解释的影响。教师要认识到早期阅读强调的是幼儿阅读兴趣、动机的培养,使其喜欢阅读,有兴趣进行阅读进而养成自主阅读的能力,而不是通过阅读来学习知识、进行识字教育,要摒弃如此功利的阅读教育观。幼儿是早期阅读的主人,尊重幼儿的主体性是科学开展早期阅读的核心。在阅读活动中教师应该把阅读的主动权交还给幼儿掌握,同时要站在幼儿的角度和立场,从幼儿的兴趣关注点出发,适当投其所好,满足幼儿发展的需要,才能达到事半功倍的效果。让幼儿快乐地进行早期阅读,给幼儿充分的自由发展空间,帮助其顺利进入阅读世界,使其获得自主阅读能力。

三、创设具有互动意义的阅读环境

符号互动理论强调社会微观层面即人们在初级群体中通过运用象征符号进行的交往互动。幼儿园阅读环境对培养幼儿养成自主阅读的能力至关重要,良好的阅读环境可以对幼儿自主阅读能力的发展起到润物细无声的效果。因此,教师要为幼儿创设良好的具有互动意义的阅读环境。

首先,幼儿园要为幼儿提供丰富多彩的符号材料以便幼儿自由选取。可以是专门供幼儿阅读的图画书、卡片、童话故事书、古诗词等,也可以是教师阅读的书籍、报纸、杂志或工作性质的文字材料。通过无处不在的符号材料以提高幼儿的认知能力和对早期阅读的兴趣。教师在为幼儿选取专门的阅读材料时也要注意根据孩子的年龄、思维发展水平等选择贴近幼儿生活经验的符号材料。

其次,幼儿都希望自己的阅读空间是独立的、安静的和舒适的。因此,教师要主动地在班级为幼儿创设一个单独的图书角。教师可以在班级中选取采光条件好的一块区角作为幼儿的图书角,应注意图书角不宜放在娃娃家、建构区旁边。可以在图书角铺上柔软的地毯、安置专门摆有孩子喜欢的图书的书架,周围还可以提供可爱、舒适的小椅子、小沙发、卡通抱枕、毛绒玩具等,并装饰植物盆栽。要让幼儿在舒适、温馨的阅读环境中尽情享受阅读的乐趣。

再次,教师可以利用班级的功能墙为幼儿创建充满阅读的互动环境,将阅读"隐"于幼儿生活、学习的周围。例如,教师可以利用幼儿都很喜欢的《好饿的毛毛虫》这一图画书,在班级的墙饰上利用不同的自然材料和丰富的颜色对比,创设出故事中毛毛虫吃不同食物的情境。这样幼儿既能感受到不同颜色带来的视觉体验,又能体会到阅读的乐趣。幼儿是早期阅读的主人,让幼儿将自己所喜好的故事在墙饰中体现,也是创设有效互动阅读环境的策略之一。例如,幼儿对《三只蝴蝶》这一图画书很感兴趣,于是教师可以利用情境再现的方式,在学具柜上放置一个盒子,请幼儿自己设计故事中的角色手牌,并将手牌插在盒子里。每次过渡环节幼儿都可以来讲一讲,很大程度上满足了幼儿的需求。

最后,教师要为幼儿创设一个宽松、舒适的互动阅读氛围。倾听是幼儿成长过程中需要具备的优秀品质之一,教师在与幼儿进行阅读活动时也要乐意倾听幼儿的声音,并向幼儿表达自己的兴趣、支持和赞许。教师也可以在阅读的过程中设计适当的提问,去引导幼儿围绕阅读的内容进行思考与理解,以刺激幼儿拓宽自己的思维。另外教师还可以在阅读过程中通过利用背景音乐渲染氛围,帮助幼儿感受故事的情绪情感,以营造出一种亲密的师幼互动氛围,给予幼儿积极的情感体验。通过创设温馨、舒适的互动阅读氛围,提高了幼儿阅读的积极性,从而促进其自主阅读能力的发展。

四、掌握科学的阅读技巧,进行角色游戏互动

米德在其符号互动理论中认为自我观念的发展主要有三个阶段:嬉戏阶段、团体游戏阶段、概化他人阶段。[8]其中幼儿自我意识的发展主要对应嬉戏阶段和团体游戏阶段。在嬉戏阶段,幼儿通过角色游戏(常常扮演父母、教师、警察等角色)而产生角色意识。米德认为幼儿在角色游戏中这种简单的模仿行为有助于其自我意识的发展,有助于幼儿从他人的视角来发展自身的能力。随着幼儿年龄的增长,角色游戏在形式上和内容上都逐渐复杂化。在团体游戏阶段,幼儿可以同时扮演数个角色,并在一定时间和范围内将群体共同认可的规则组织起来。例如,在角色游戏中幼儿既扮演厨师又扮演客人。从米德的分析中可以看出,角色游戏对幼儿自我意识、社会性的发展具有重要作用,在角色游戏中其自我意识开始进入到社会层面并由此形成比较复杂的自我概念。

因此,教师要树立游戏阅读的教育观念,掌握相关的科学阅读技巧,与幼儿在早期阅读中进行角色游戏的互动。教师在游戏阅读中要起到一种"鹰架"的作用,除了在阅读过程中要创设充满互动的阅读环境,教师的指导和参与作用也是不可忽略的。

首先,教师可以在班级里为幼儿创设一个角色游戏区角,在这片新天地中幼儿可以和教师一起就喜爱的脚本制作道具、装饰并进行表演等。其次,教师要为幼儿提供和图画书有关的材料或道具,如和《好饿的小蛇》有关的小蛇玩偶、各种水果、苹果树模型,和《我的幸运一天》有关的小猪和狐狸的道具、头饰、食品、铁锅模型等。在游戏材料的准备中教师可以多投放一些半成品、自制的材料,留给幼儿充分的想象和创造的余地,使其体会到自己是游戏的主人,感受到游戏的快乐。再次,教师还可以鼓励幼儿以创意角色游戏的方式对阅读的内容进行回应,即允许幼儿以自己对故事的理解通过各种形式的角色互动表现阅读内容。

表演的脚本并非固定不变,内容也可以是在幼儿角色游戏的过程中生成,幼儿才是角色游戏的中心。例如,在《蚂蚁和食蚁兽》的角色游戏中,幼儿扮演的蚂蚁,没能击退教师扮演的食蚁兽,于是"蚂蚁王"下令所有蚂蚁通过使用武器的方式将食蚁兽围困,最终取得胜利。师幼之间的角色游戏互动不仅增加了师幼之间的感情,也促进了幼儿认知能力和自我意识的发展。

五、在家园联合互动中开展早期阅读活动

美国社会学家塔尔科特·帕森斯在《家庭社会化和互动过程》一书中将家庭看作一种微观的

社会体系。查尔斯·库利视家庭为幼儿健康成长过程中最重要的一种"初级群体"。早期阅读不仅仅是在幼儿园完成的,家庭也是影响幼儿阅读兴趣和阅读能力的一个重要因素,家长对幼儿早期阅读的理解和认识,同样决定了早期阅读活动开展的有效性。因此,幼儿园应与家庭联合互动,家园同步,开展有效的早期阅读活动。

首先,幼儿园可以通过对家长进行科学的指导实现家园共育。家长普遍存在对幼儿早期阅读认知的偏差、缺乏有效的阅读指导策略等问题。幼儿园有丰富的教育资源,可以请有阅读经验的优秀教师向家长进行公开的早期阅读教学活动。通过观摩活动,使家长树立正确的早期阅读观,掌握科学的早期阅读技巧。在阅读经验交流活动中,家长们可以面对面地相互分享阅读书目、交流阅读经验技巧、解决阅读困惑难题,不断提高其对幼儿早期阅读的认识和指导水平。有条件的幼儿园还可以通过利用官方网络平台、开展专家讲座活动等方式,积极地向家长推荐适合幼儿阅读的优秀书目,提高家长的早期阅读指导水平。

其次,幼儿园可以通过鼓励亲子阅读的方式以实现家园共读。父母在与幼儿进行亲子阅读时,通过温柔的目光和微笑等面部表情、亲密的身体接触、充满变化的声音等象征符号与幼儿进行互动。在如此亲子互动的过程中,幼儿的自我意识逐渐萌发并获得发展且带给幼儿阅读是一件幸福事情的心理暗示,使幼儿对于父母及家庭的那种安全的需要、归属和爱的需要以及部分尊重的需要得到满足,增进了亲子之间的感情。此外在亲子阅读的过程中,幼儿由刚开始的需借助父母的朗读来逐渐建构起符号、声音与意义之间的联结,到在反复听读的过程中逐渐加深对故事的理解,再到因为越来越熟悉故事而开始自己主动讲故事,幼儿由此获得巨大的阅读成就感。良好的亲子感情以及早期所获得的愉快体验和成功经验对幼儿的社会性发展会带来积极的影响。

最后,幼儿园可以通过设立图书跳蚤市场、儿童戏剧表演等方式实现家园共创。设立图书跳蚤市场可以使幼儿闲置的图书再一次显现它的价值。家长和幼儿一起设计图书跳蚤市场的海报和富有个性化的价格标签。幼儿和家长在此起彼伏的叫卖声中挑选自己喜欢的图书、与人讨价还价。这种活动不但进一步提高了幼儿对早期阅读的兴趣,增进了亲子之间的交流与合作,而且提高了幼儿参与社会实践活动的能力。儿童戏剧的剧本可以由家长和幼儿一起根据图画故事书改编、创作,并由亲子合作制作相关道具进行演出。例如,在《鳄鱼怕怕牙医怕怕》儿童戏剧中,幼儿积极地把自己变成剧本中的角色,通过想象表演,一方面锻炼了语言表达能力,另一方面体验到了表演的快乐,提升阅读兴趣。

参考文献:

[1] 候均生.西方社会学理论教程[M].重庆:西南大学出版社,2009:93.

[2] 乔约森·特纳.社会学理论的结构(下)[M].北京:华夏出版社,2001.

[3] 焦方瑞.米德符号互动论之教育蕴义[J].现代教育论坛,2010,(8).

[4] 周兢.论早期阅读教育中的几个基本理论问题[J].学前教育研究,2005,(1).

[5] 王骅莹,陈孝余.符号互动理论视野下的幼儿园师幼互动[J].成都师范学院学报,2014,(2).

[6][7] 宋林飞.西方社会学理论[M].南京:南京大学出版社,2006:247.

[8] 刘少杰.国外社会学理论[M].北京:高等教育出版社,2006:115.

童话中"威胁元素"的教育意义与使用

洪潇楠

(北京师范大学学前教育研究所,北京,100875)

【摘要】 童话中既包含美好的事物与情节,也含有消极的事物与情节,但成人总是有倾向地选择和放大童话中美好的事物,而回避童话中的"威胁元素"。实际上,童话的"威胁元素"具有明显的教育价值,它将儿童内心被压抑的欲望和冲动以外在形式投射出来,童话中对"威胁元素"的处理方式也有助于儿童宣泄其内在的冲动,更利于其身心发展。成人应以儿童的年龄特征和理解能力水平为挑选童话的依据,正确区分"威胁元素"和黑暗童话;正确认识"威胁元素"的教育作用,不过分夸大其对儿童的负面影响;尊重儿童的阅读选择并进行适当引导。

【关键词】 童话;威胁元素;教育作用

一、成人对童话的美好情结

童话故事中既有美好的事物与情节,也包含着消极的事物与情节,但成人在为儿童挑选童话故事时会倾向于选择和放大故事中善良美好的一面,而回避故事中消极负面的情节,尤其在童话创作与内容选择上,成人希望借助童话中正面积极的形象为儿童树立正确的榜样,保护儿童的纯真世界,阻断现实世界对儿童产生的伤害。

成人对童话表现出的美好情结来自两方面。一方面,社会竞争愈加激烈,人际冷漠和沉重的社会责任给成人们带来过多压力,童话无疑是最好的"避风港",人们在童话中建构与现实生活截然不同的世界以期从中获得安慰与放松。另一方面,童话是一种独特的艺术形式,成人很早便以童话作为教育儿童的方式与手段促进儿童的发展。他们凭借童话构建出理想的儿童形象,利用虚构的情节营造出单纯美好的世界,可以说童话承载了成人对儿童顺利成长的美好期许。

童话对儿童的教育价值显著,不仅能培养其良好的生活习惯和正确的价值观,还能帮助其学习社会规范。然而只为他们提供充满真善美的童话并不一定有正向的作用,相反,含有"威胁元素"的童话也不一定会影响儿童的健康成长。

二、童话中"威胁元素"的积极教育作用

"威胁元素"一词是由布鲁诺·贝特莱姆提出,童话故事中的"威胁元素"包括死亡、欺骗、嫉妒等与善良美好的含义截然相反的元素。布鲁诺·贝特莱姆是美国著名的心理学家,也是童话教育的重要推崇者,他在自己的著作《永恒的魅力:童话世界与童心世界》中详细阐述了童话的教育作用。由于贝特莱姆是弗洛伊德学派的后继人,他对童话教育作用更多是从精神分析学的角度来阐释,把童话的研究和儿童的内心联系起来。"那些摒弃传统民间童话的人认为,如果在给孩子们讲的故事里有怪物,这些怪物必须很友善;这些人忽视了孩子们最熟悉最担心的怪物,他们自己身内的怪物。"[1]

在成人看来,现实世界充满黑暗与残酷,让儿童过早接触这些消极因素会对其造成伤害,因此在成人执笔创作时很少设计阴暗的情节。传统的童话教育观尊崇积极价值的正面教育,回避成人的秘密,认为成人和儿童的主要区别在于成人

作者简介:洪潇楠(1994—),安徽黄山人,北京师范大学学前教育研究所硕士研究生。

知道生活的某些层面，包括性秘密、矛盾冲突和暴力悲剧等，这也是孩子理当避忌的部分[2]。儿童易受暗示，童话故事中的情节发展会影响儿童应对问题时的态度与行为取向。如童话中主人公身处危险，但最后关头总会出现解救他的人，受到类似情节的暗示，儿童在面对现实生活的危险时会抱有消极态度，甚至会毫无作为地等待"英雄"来解救他们。

这是很危险的现象。儿童存在于现实世界，生活中出现的问题与困难比童话更直接更残酷，没有相关生活经验的儿童并不知道如何处理。如果他们能借助童话的"威胁元素"了解到世界的阴暗事物，就能够模仿故事情节的处理方式予以应对，但从成人粉饰过的童话中难以窥探。

为了减少童话中消极形象对儿童产生的负面影响，成人会有意美化"威胁元素"，这一做法并没有起到保护儿童的作用，相反还会引发儿童一系列心理问题。贝特莱姆说："那些摒弃传统民间童话的人认为，如果在给孩子们讲的故事里有怪物，这些怪物必须很友善；这些人忽视了孩子们最熟悉最担心的怪物，他们自己身内的怪物。"童话故事中必然存在负面人物形象，比如《小红帽》里的大灰狼，《白雪公主》中的恶毒王后，这些都是儿童内心"邪恶"欲望的投射，是儿童内在压力和冲动的外化形式。每一位儿童的内心都存在可怕的冲动，但他们不知道如何宣泄，也不知道如何正确面对这些冲动，长期堆积的结果是在某一次事件中全部爆发。不让儿童接触野蛮和残酷的童话，他们就无法宣泄自己的可怕冲动[3]。如果在他们听过的童话故事中有消灭"威胁元素"的方法，那么他们就可以模仿这样的手段消灭内心的压力。

童话有助于儿童将内在意识以外化的形式投射出来，并利用情节引导儿童解决内在矛盾与压抑的冲动。童话是儿童内心意象的投射，在听童话时儿童犹如身临其境，他们用童话来弥补现实世界无法给予自己的感受。儿童无须掩盖他对故事中发生的情节所产生的任何情感，他们可以成为童话中的任何一个角色，哪怕是不正常的或者非正义的，这些都由他们自己内在的需求所决定，在这个过程中他们的潜在冲动与欲望就会被激发。例如，《小红帽》中的小红帽是善良美好的象征，大灰狼是欺骗、邪恶的投射，猎人则是杀戮和正义的投射。在代入大灰狼的角色时，会激发儿童内心的邪恶欲望。对儿童而言，他们极易被无意识控制，当他们的无意识活动一出现，就会立刻影响到整个人格。而当大灰狼被猎人杀死时，儿童的邪恶欲望也随之被消灭。童话里暗黑力量被消除，其所代表的邪恶部分也就烟消云散，结局对黑暗力量的惩罚也减轻了儿童的内疚。

可见，童话中的"威胁元素"不仅能够同时帮助儿童了解自己体内被压抑的冲动与欲望，还为宣泄压力提供了有效途径。对"威胁元素"的正确认识更有助于成人以更合理更科学的方式利用童话教育儿童，促进其健康发展。

三、童话"威胁元素"的教育处理建议

探讨了童话"威胁元素"后，对其存在意义也有了理论层面的认识，但如何将理论有效转向实践，如何充分发挥童话中"威胁元素"的教育作用是当前教师以及家长们需要思考的问题。

（一）家长应消除对"威胁元素"的错误认识

有人质疑，让儿童接触"威胁元素"是否会伤害甚至引发恐惧。实际上，成人在提出这种质疑时正是站在成人的立场，而非站在儿童的角度。在成人看来，这些元素背后隐含的深意是残酷的，是儿童无法接受的，但事实上，儿童的理解能力还未达到成人水平。

儿童的思维能力与想象都源于儿童1.5—2岁时出现的表征功能，这种早期的象征功能基本等同于想象，2岁后儿童认知进入新的发展阶段[4]。儿童对事物的理解主要依赖于想象，他们会将当前感知到的事物与自己的生活经验相联系。学前儿童的心理处于前运算阶段，该阶段的主要标志是符号功能的出现[5]，意味着这个时期的儿童能够用语言和表象表征经验，将他人的言语及具体表象以符号形式表征到大脑中，并在大脑中进行思维。儿童在听童话故事时会在大脑中构建出情节画面，再对画面进行理解，这一过程中儿童会将故事情节与自己相关经验相联系。有限的生活经验使儿童无法达到成人的理解能力水平，他们在面对死亡、嫉妒等"威胁元素"时并不了解其代表的含义。具体思维的特征决定了儿童无法对词语抽象理解，对他们来说这些词语和情节只是一种表征符号、故事情节中的一个环节，除此之外没有其他含义。

对童话故事中"威胁元素"的淡化处理也有助于减轻儿童的恐惧感。英国民间故事《三只小猪》流传过程中有三种不同的故事结尾，其中一

种是大灰狼掉进锅炉中，被开水烫死了。日本著名图画书出版人和理论研究家松居直先生发现，在为儿童讲述这种结局时，他们非但没有露出害怕的表情，反而笑得很愉快[6]。显然这样的结局基本符合童话故事的走向规律，象征着邪恶的大灰狼最终被烫死了，儿童在面对这段情节时关注的只是坏人的结果，而不是坏人死的细节。这种结局对"死亡"进行了淡化处理，只用简单的语言带过，而没有对死亡的过程详细描述，从而阻断了儿童对细节的想象，更突出童话故事的完整性和逻辑性。

模仿是儿童学习的一种机制，美国心理学家班杜拉的社会学习理论也指出，儿童会有意识地模仿成人的行为。如果儿童接触过多的负面信息，可能会有意识或无意识地模仿这些负面行为，这也是众多家长担心的问题。西北师范大学郑名教授等人基于"儿童是忠实模仿还是采取效率策略完成行为"的相关研究，提出了"损益权衡"假设。所谓"损益权衡"假设，即指儿童在选择模仿策略时，会从自身利益出发，将模仿什么和不模仿什么的选择当做一种"损益"权衡，最终选择能够让其获得最大利益的做法[7]。当儿童发现模仿的结果无法为其带来更多额外利益时，他们会倾向于采取效率策略，而非忠实模仿。这种假设虽然无法证明儿童的模仿机制究竟是何种，但有助于我们发现儿童在何时会选择何种模仿机制。童话具有荒诞和夸张的特点，为了符合儿童的思维特点，情节设计带有浓厚的魔幻色彩，这种与现实截然不同的世界是吸引儿童兴趣的最大原因，同时也意味着童话中的行为在现实生活中无法再现。儿童无法使用魔法将坏人消灭，即使他们学会了童话中的暴力行为，模仿的后果只能是惩罚，让儿童意识到这种"损大于益"的结果无法为他们带去预期的利益结果，他们自然会减少这类负面行为的模仿。

（二）成人有选择地为儿童挑选含有不同"威胁元素"的童话

成人需要注意，含有"威胁元素"的童话不等于"黑暗童话"，其中也含有美好的元素，"威胁元素"的存在是为了衬托出美好元素的意义和价值。"黑暗童话"是运用恐怖片的叙事手法，借鉴恐怖片的题材选择编写的[8]，更加注重视觉上的冲击，营造恐惧气氛，这类童话采用的叙事手法可能会超出儿童的承受范围，甚至会影响其生活。

当前一些童话出自经典传统童话的再创，主要为了迎合当前时代特点重新阐释故事。但这种再创要处理好故事中"善"与"恶"的关系。毋庸置疑，故事中的"善"是通过"恶"得以凸显，没有"恶"，儿童无法意识到"善"的可贵，但我们要对"威胁元素"保留到什么程度？格林童话和安徒生童话最早是为了揭露当时社会阴暗所创作的，故事充斥的血腥与黑暗画面连成人都难以接受，考虑到儿童的承受能力，预设这些童话被再创作，这才有了我们现在看到的版本。故事家有意识地删减他们认为儿童应该回避的内容，所呈现出的作品与原著相差甚远，导致童话故事"失真"。成人过分夸大了"威胁元素"对儿童的负面影响，也过分拔高了儿童的理解能力。正如前文所述，儿童可以通过想象使自己代入故事中，借助消灭"邪恶力量"的方式消除自身内心的负面冲动，缓解内在压力，这种教育作用是童话中积极正面的因素所达不到的效果，应该肯定"威胁元素"存在的价值。但在对"威胁元素"的判断中也需要考虑是否能够被儿童接受，是否会超出他们的承受能力，这一点需要成人自己权衡。

儿童的理解能力在不同年龄表现出不同水平，成人首先需要了解儿童在特定年龄时理解水平达到的程度，再为其提供合适的内容。有研究表明，4—6岁汉语儿童对图画故事书中图画形象、事件行动和角色状态的理解水平随年龄增长而显著提高[9]。儿童对故事的理解能力会随着年龄增长而提高，成人应为不同年龄阶段的儿童提供不同程度的童话故事。儿童的理解通常与生活经历相联系，即皮亚杰的"同化"，已有经验有助于新知识的掌握与吸收。如果儿童在认知水平有限的阶段接触"威胁元素"，由于缺乏生活经验，他们可能会因为不了解而发生意想不到的后果，同样在这阶段为他们呈现美好的事物也不一定会起到预期效果。

成人关注儿童不同年龄阶段不仅在于促进儿童理解，从而起到"威胁元素"的教育意义，另一方面也起到了保护儿童的作用。死亡是"威胁元素"中的重要部分，有研究发现，3—4岁的儿童很难以死亡为指标准确区分生物和非生物，大多数6岁儿童已经能够部分或基本理解死亡的真正含义[10]。儿童虽然没有亲身经历过死亡，但生活中会遇到亲人的去世，或养的动植物死亡，使他们能够区分事物的"生"与"死"，那么成人在为6岁儿童挑选的童话中包含死亡元素也能够被其理解。当儿童真正理解死亡的含义和后果，便不会轻易模仿或尝试可能导致死亡的危险行为。婚姻的背叛或是出轨的情节很难被儿童理解，他们没有经历过婚姻，不了解其中的特殊意义，对于出轨行为和含义也感到陌生，这时并不建议成人选取与婚姻背叛有关的童话内容，如果引导方式不正确可能会发生意料之外的结果。

总之，在选择童话时，成人要区分童话"威胁元素"和"黑暗童话"，挑选能被儿童理解且在其承受范围内的故事，注意儿童在听故事时的反应，一旦出现了不适应就立即停止，并重新选择故事。

（三）成人尊重儿童的阅读选择并进行引导与对话

从童话编写、选择到呈现，利用童话对儿童进行教育引导是基于成人的自我理解与判断。成人在选择童话教育方式之前应思考自己的教育立场，是为儿童营造安稳美好的理想主义，还是为儿童呈现残酷真实的现实主义。自我判断后，尽量为儿童提供多种类的童话，同时要避免干预和说教，尊重儿童自主选择的意愿，让他们自主体会和理解故事内容。

一些幼儿园教师以童话为工具，运用暗示性话语引导儿童朝自己预期的教学目标思考，让幼儿尽可能多地掌握知识、学会语言，而忽略了幼儿感知、想象、情感、直觉能力等发展。这样会限制儿童的想象力与创造力，童话也丧失了其真正的教育作用。故事中"邪恶势力"被消灭时会引起儿童的兴奋感，成人可以强化这一感知，引导儿童内化"除恶"的方式，有助于他们消除自己内心的"邪恶冲动"。童话的环境、语言和人物行为都会影响儿童的言行，成人也可利用这一点帮助儿童学习社会习俗和良好的生活习惯，培养正确的价值观，分清善恶。探讨童话教育最终会回归到儿童本身，创作和挑选童话的目的是为了促进儿童更好地发展，只有真正了解儿童的需求和各阶段反映出的问题，才能有针对地利用童话达到教育作用。因此家长在使用童话进行教育时，应将更多的精力与时间放在与儿童对话上，关注他们的内心想法。与儿童被动地接受故事相比，成人还可以让孩子自己编写或续写童话，为儿童提供发泄体内冲动的机会，成人也可以通过故事内容发现儿童内心世界，或是隐藏的问题。

"威胁元素"并不可怕，可怕的是人们不敢直面它们。以童话的方式让儿童接受阴暗消极的事物，引导他们在童话中获得内化问题的解决方式，有利于儿童完整人格的发展，强化他们的内心力量。因此，成人在为儿童提供童话的同时不要避讳"威胁元素"，要让儿童明白，只要他们能够勇于直面困难，一切黑暗力量都会被消灭。不是所有儿童都希望待在象牙塔中，何不由着他们自己去探索这个世界呢？

参考文献：

[1] 布鲁诺·贝特尔海姆.永恒的魅力：童话世界与童心世界[M].高月,等译.重庆：西南师范大学出版社,1991.

[2] 郑雨薇.童话的阴影[D].四川师范大学,2016.

[3] 刘晓东.儿童精神哲学[M].南京：南京师范大学出版社,1999.

[4] 陈帼眉.学前儿童发展心理学（2版）[M].北京：北京师范大学出版社,1995.

[5] 谢弗.发展心理学：儿童与青少年[M].邹泓译.北京：中国轻工业出版社,2009.

[6] 金莉莉.论童话中的"残酷"叙事与幼儿阅读[J].学前教育研究,2003,(10).

[7] 王晨曦.美国电影中的"黑暗童话"研究[J].电影文学,2016,(11).

[8] 李林慧,周兢,刘宝根,等.学前儿童图画故事书阅读理解研究[J].中国特殊教育,2011,(2).

[9] 朱莉琪,方富熹.学前儿童对死亡认知的研究[J].中国临床心理学杂志,2006,(14).

[10] 闫春梅.当前幼儿园童话教育误区窥析[J].学前教育研究,2007,(12).

接受美学视域下的幼儿文学阅读

洪妍娜

(浙江师范大学人文学院,浙江金华,321004)

> 【摘要】 幼儿文学的阅读在幼儿的成长、发展和教育中极为重要。从接受美学的视角看幼儿文学阅读,应充分考虑幼儿主体的接受图式。幼儿文学文本的"空白"与"未定点"为幼儿读者的参与和创造提供更为广阔的艺术空间。在幼儿读者与幼儿文学文本之间的双向交流过程中,幼儿文学文本不同层面的节奏艺术天然地契合了幼儿读者的审美心理节奏,并实现幼儿读者对幼儿文学文本的审美响应。
>
> 【关键词】 接受图式;幼儿;文学阅读

接受美学是指自20世纪60年代德国康斯坦茨学派创立以来,以发现和确立读者在文学活动过程中的地位和作用的理论研究,其代表人物为汉斯·罗伯特·姚斯和沃尔夫冈·伊塞尔。接受美学以胡塞尔、海德格尔、伽达默尔为代表的现象学、解释学为理论基础,实现了由"以作者为中心""以文本为中心"向"以读者为中心"的转变,第一次从本体论的高度强调了读者与阅读接受的问题。从接受美学的角度看,幼儿文学的审美主体虽然是学龄前儿童,但其却是能动的参与者与建构者。接受美学理论无疑为幼儿文学阅读提供了一个恰当的思维方位和理论起点。

一、幼儿主体性:接受图式

接受美学强调"读者中心",在此视域下的幼儿文学阅读活动应以幼儿读者为主体。正是出于这样一种认识,有必要了解幼儿的心理机制及其发生机制。在皮亚杰的认识结构理论中,涉及图式、同化、顺应和平衡四个基本概念。图式是一种特殊的心智结构,具有概括和转化的能力;同化是将外在客体纳入主体已有的行为模式中;顺应则是指主体调整原有的行为模式以适应外在客体的变化;二者不断地趋向平衡、打破平衡、再趋向平衡,认识结构也随之不断地由低级向高级发展。"决不把心理上的平衡视为许多处于静止状态的力量之间的均衡,而是广泛地把平衡视为由于主体反应外来干扰时所产生的补偿作用。"[1]这种平衡不是绝对的静止或终了,它是一种对外敞开并不断生成的系统,某一个水平的平衡将会成为另一水平平衡的开始。平衡不仅是一种状态,更是一种过程。"每一个(认识的或心理的)结构都是心理发生的结果,而心理发生就是从一个较初级的结构过渡到一个不那么初级的(或较复杂的)结构。"[2]接受美学认为,接受者对文艺作品的理解建立在先在理解或先在知识的基础之上,即审美的"期待视野"。幼儿读者面对幼儿文学文本时,主体心理已有一个既成的结构图式,幼儿的期待视野主要由幼儿的生活经验与审美经验构成。一方面,幼儿的期待视野以一种相对稳定的心理趋向同化文本,另一方面则又不断打破这种心理趋向,以顺应的姿态接受文本。在幼儿文学的阅读接受过程中,幼儿主体表现出了强大的"同化"和"顺应"的能力。幼儿文学的阅读不仅需要适应幼儿的认识结构,同时也应该为其过渡到下一阶段作好准备。

浙江师范大学方卫平教授曾就儿童读者的接受能力,提出"下位接受"与"上位接受"一说。"下位接受"是指"文本构筑的深度水平处于读者文学能力建构水平的下位","上位接受"则是指"文本构筑的深度水平超过了特定读者文学能力的建构水平"。不过,作者认为"下位接受"与"上位接受"之间是流动变化的,因此,"一个特定的文本在接受过程中逐渐由上位转移到下位的过程,正是儿童读者文学审美能力得到提高的一个最好的证明"[3]。在这阅读位置的交互更替中,幼儿的期待视野处于不断建立和改变的过程中。由

作者简介:洪妍娜(1987—),安徽合肥人,浙江师范大学儿童文化研究院博士研究生。

此可见,幼儿接受图式的建构具有深远的意义,为幼儿文学阅读活动提供了前提性的审美经验。

二、文本对话性:"空白"与"未定点"

接受美学认为文学作品本身是一个图式化构成,其中充满了"未定点"和"空白",形成一种所谓的"召唤结构",召唤读者参与其中,从而丰富文本的意义。"文学作品描绘的每一个对象、人物、事件等等,都包含着许多不定点,特别是对人和事物的遭遇的描绘。"[4]这就要求读者需把他的全部意识、经验和感情同作品联系起来,因为"只有在阅读主体那里,文本的意义才能得以实现,文本的意义不能脱离读者而存在;同样,在建构这种意义的过程中,读者自己同样也得到建构"[5]。空白将文学作品各个部分内含的关联性打破,并不断增加理解的各种可能,给读者想象与回味的空间。

由于幼儿读者的特殊性,空白的图式化结构适合幼儿的认知吗?或者说,幼儿能够理解文学作品中的空白艺术形式吗?如果幼儿能够理解,那么幼儿文学的空白又有着怎样特殊的艺术效果呢?幼儿处于人生的初级阅读阶段,文学的审美直接作用于感性经验层面,适度的空白可以激发幼儿在阅读中的想象。金波的儿童诗《流萤》:"我不给你剪裁天边的晚霞/也不去给你摘取夜空的繁星/孩子,让我们一起,一起去捕捉黄昏的流萤/我从菜地里拔一根葱管/好放几只流萤/让它发出柔和的光吧/孩子,送你一盏翠绿的灯/放萤火在你的枕边/我再编一个童话给你听/说在夏天的夜里/有一个翠绿色的梦。"恍若进入梦境一般,孩子们一边听脑袋瓜里会一边想:葱管做的流萤灯长什么样?叔叔编的究竟是怎样一个童话?翠绿色的梦又是什么?诗人笔下小小的流萤点亮了孩子的整个梦境。日本儿童文学作家新美南吉的童话《去年的树》讲述了一只鸟儿和一棵树之间的深挚的友谊:鸟儿答应树明年会回来唱歌给它听,但当鸟儿飞来时,树已经不在了。鸟儿到处追寻树的踪迹,直到发现树已被做成柴火并燃烧殆尽。于是,鸟儿对着灯火唱出了那支令人心颤的歌。鸟儿睁大眼睛,盯着灯火看了一会。接着,她就唱起去年唱过的歌儿,给灯火听。唱完了歌儿,鸟儿又对着灯火看了一会儿,就飞走了。

这里作者并不直接描绘情感,而是留有大片的空白让读者去联想。我们看到更多的是鸟儿的行动,如睁大眼睛、盯着灯火、唱歌、飞走。可是,我们在鸟儿的眼中好像能够看到灯火摇曳的身影,那如火一般燃烧的是鸟儿深挚的情感和不灭的约定,它所传达的是人类所共有的、恒久的、美好的情感。故事是浅显的,意味却是绵远悠长令人回味咀嚼的。意味是作品的内在意蕴,它是文本深处潜在的审美空间。这则童话既充分考虑到幼儿阅读的接受特点,同时又让幼儿可以在空白中感受深层的情感,极大地开拓他们的审美视野与提高他们的审美层次。

皮亚杰的认知发展理论认为,孩子的思维方式是自我中心主义的,即主要根据自己的主观印象来理解事物。但我们应该试图让他们思考其他人的观点和感受,虽然这并非能给予最完美的解释,也未必能回答孩子内心的疑惑,但却能够给孩子以启发和帮助,为孩子提供一个思考的空间。日本作家荒井良二的图画书《森林有一块空地》直接将空白作为故事的主题:故事发生在一片叫"想"的森林里,在这片森林里有一块空地,动物们一直在开会讨论如何利用那块空地,可一直没有结果,因此直到故事结束,空地仍是空地。可恰恰是这块空地,让我们看到其间充满的未知的可能性。我们应该学会尊重孩子心中的那块"空地",让他们自由探索,体验属于他们自己的独特的审美感受。

空白引发的追问符合幼儿的好奇心和探究心理,幼儿借助于自己的日常生活经验和想象力,去填补文学文本的空白与未定点,从而使作品的各个层面有机地统一起来。游离于文本之外的阅读为幼儿提供了一个更为自由、自主的阅读空间,这样的一个空间对幼儿的审美心理发展过程是至关重要的。这一开放性结构为幼儿读者的参与和创造提供了广阔的艺术空间。

但是,空白要适度,若是超过了幼儿心理的联想、弥补空白的能力,作品则会演变成天书,从而失去其审美意义。幼儿文学阅读应在照顾幼儿读者期待视界可能接受的范围内,提供更多的空白与不确定性。这样,才能最大限度激发、调动幼儿读者阅读的主动性与创造性。

三、审美同构性:韵律与节奏

伊塞尔指出,文学文本与读者之间的关系是双向的动态过程。由于幼儿处于人生的初级阅读阶段,文学的审美是直接作用于感性经验层面。幼儿文学是"听赏"的文学,韵律与节奏可以激发他们的听觉敏感,从而带来审美愉悦。韵律是宇宙万物存在的一个基本原则。寒来暑往、昼夜更替、风波起伏、潮涨潮落、山川交替,这个世界上的所有事物似乎都有属于自己的鲜明的节奏。苏珊·朗格在《情感与形式》中指出："生命活动最独特的原则是节奏性，所有的生命都是有节奏的。"[6]节奏既是事物正常发展规律的体现，也是我们人类生命的需要。婴儿还在胚胎时期就一直听着母亲的心跳和血管的脉动，出生后也会被父母有节奏地摇动和拍抚，就连婴儿自身本能的吸吮行为，也充满了节奏感。一位母亲曾记录了她为自己9个月的孩子阅读故事时孩子的反应：

只见婴儿目光直视，紧紧追随着我书页的翻动。婴儿听得呆住了，仿佛坠入了音韵与色彩交织的世界，新生活、新屏幕已经足以把他吸引！下意识使我不断关注着婴儿的神采。我欣然自诩，我更加自信地装饰和调整我的语韵，我想用我的语调悄悄照料和调动起婴儿正在萌生着的语调敏感、快感和人生语言的全部储能。[7]

语音是文学作品最外层的结构，语音主要是由声调、节奏、韵律等方面构成的。悦耳的音韵、悠扬的旋律和鲜明的节奏构成一个语音和谐的有机体，极大增强了文学语言的语感特征和诗意因素。"每一件文学作品首先是一个声音的系列，从这个声音的系列再生出意义……在许多艺术品中，当然也包括散文作品在内，声音的层面引起了人们的注意，构成了作品审美效果不可分割的一部分。"[8]方卫平教授在其主编的《幼儿文学教程》一书中指出，"与幼儿文学中的其他文学样式所具有的音乐性相比，儿歌的音乐性特征显得更为直接与强烈。"[9]比如樊家信的《孙悟空打妖怪》："唐僧骑马咚那个咚，后面跟着个孙悟空/孙悟空，跑得快，后面跟着个猪八戒/猪八戒，鼻子长，后面跟着个沙和尚/沙和尚，挑着箩，后面来了个老妖婆/老妖婆，真正坏，骗过唐僧和八戒/唐僧八戒真糊涂，是人是妖分不清/分不清，上了当，多亏孙悟空眼睛亮/眼睛亮，冒金光，高高举起金箍棒/金箍棒，有力量，妖魔鬼怪消灭光。"开场好似打鼓的"咚那个咚"的节奏响起后，便开始几行一转韵，由kong转jie转shang转po转liang转bang转guang，整首儿歌并非只有一个韵脚，而是由几个韵脚组合而成，虽然韵律众多，但和谐自然且悦耳动听。作者还运用了顶针的修辞手法，即用每句结尾的词语作为下一句的起头，这样既修饰了两个句子的声韵，同时又环环相扣，紧紧吸引幼儿的注意。这样生动活泼、趣味盎然的儿歌，给幼儿带来的是欢快与灵动的美感。

幼儿文学的韵律与节奏除了体现在语言层面外，也体现在故事的叙述结构中，比如我们熟悉的民间故事最常见的三段式故事结构，主人公往往会经受三次考验或实现三个愿望等。在三段式的故事结构中，这三个结构相似的进程会呈现为逐步递进的关系，重复中又有变化。我们知道，重复对于心理演化的根本机制是十分有益的。金江的寓言《乌鸦兄弟》将民间故事的三段式结构演变为乌鸦兄弟的三次心理活动以及三个不同的结果，淋漓尽致地刻画出了一对坐享其成的懒汉形象。乌鸦兄弟分别想象对方"会去修的""一定会去修了""一定耐不住，它会去修了"，其中反复的句式呈现出一种律动的美。这样节奏分明的故事结构有利于帮助幼儿快速进入故事情境，并进而加深幼儿对故事内容的印象与记忆，同时对表达寓意也起到了重要作用。

幼儿与文本的审美交流是以自己独特的方式和意义呈现出来的，幼儿文学的韵律节奏与幼儿的生命节奏构成某种同构关系，实现了幼儿读者对幼儿文学文本的审美响应。"它使我们有可能系统表述我们自己，从而发现一个内在的、我们迄今为止一直没有发现过的世界。"[10]由此，幼儿创造了一个属于自己的意义世界。

注释：

[1] 皮亚杰.儿童的心理发展[M].济南：山东教育出版社，1982：126.

[2] 皮亚杰.发生认识论原理[M].北京：商务印书馆，1981：15.

[3] 方卫平.思想的边界[M].济南：明天出版社，2006：335–336.

[4] 罗曼·英加登.对文学的艺术作品的认识[M].北京：中国文联出版公司，1988：50.

[5] H·R·姚斯，R·C·霍拉勃.接受美学与接受理论[M].沈阳：辽宁人民出版社，1987：376.

[6] 苏珊·朗格.情感与形式[M].北京：中国社会科学出版社，1986：146.

[7] 谢亚力.早慧儿童的奥秘[M].成都：四川少年儿童出版社，1989：48.

[8] 勒内·韦勒克，奥斯汀·沃伦.文学理论[M].南京：江苏教育出版社，2005：175.

[9] 方卫平.幼儿文学教程[M].北京：高等教育出版社，2012：107.

[10] W·伊泽尔.审美过程研究——阅读活动：审美响应理论[M].北京：中国人民大学出版社，1988：216.

亲子环境下纸质与电子绘本阅读实践与思考

张 俊　徐楚蝶　杨 君

(浙江大学城市学院工程学院,浙江杭州,310015；
杭州市文锦幼儿园,浙江杭州,310015)

【摘要】 在阅读快餐化的当下,以ipad等为载体的电子绘本,对学龄前儿童的吸引力越来越强,已对传统绘本形成强大的冲击。本文从亲子共读纸质或电子绘本时亲子交流的内容和行为差异出发,提出电子绘本与纸质绘本的选择与共读的几点思考。通过传统绘本与电子绘本发展现状研究,并针对4—5岁的学龄前儿童以及家长设计简单实验,采用观察记录和录音等方法收集相关数据并对数据进行对比分析。分析结果表明,在阅读电子绘本时父母和儿童之间的互动交流相比传统纸质绘本变少,而在亲子共读纸质绘本时,孩子会通过发问和强化绘本内容的方式来理解绘本,同时父母会实时关注儿童对绘本故事的阅读能力、理解水平以及阅读习惯。

【关键词】 亲子阅读；电子绘本；纸质绘本

近年来,越来越多的学龄前儿童开始接触电子设备,尤其是平板电脑。2015年《新闻研究导刊》对200名3—6岁学龄前儿童及家长、老师的调查问卷显示：有近70%的学龄前儿童拥有自己的手机或平板电脑[1]。由于很多家长认为平板电脑有助于孩子的阅读,因此在平板电脑中安装了大量的阅读类应用,如有声电子书和电子绘本等,目前此类阅读介质已对传统的阅读形式形成了强大的冲击。

绘本一词源自日语"えほん(ehonn)",英文为Picture Book,绘本作为信息载体在学习和家人互动中已成为一种沟通和传播知识的方式[2]。近些年出现的电子绘本包含了各种各样的交互功能,更有趣,更有吸引力,然而在儿童阅读电子绘本的过程中,却出现了亲子交流明显减少的现象。本文对这一现象通过实验对比,提出了自己的几点看法,对绘本形式以及亲子阅读方式的选择有一定的借鉴意义。

一、纸质绘本与电子绘本发展现状

绘本于十七世纪诞生于欧洲,二十世纪三十年代在美国迎来了黄金时代,五六十年代开始在韩国、日本兴起,七十年代传入我国台湾地区,并引起绘本阅读的热潮。目前国际上拥有安徒生奖、凯迪克奖等多个绘本最高奖项[3]。我国纸质绘本的创作可以追溯到古代,那时候手绘插图书也并不少见,而作为现代艺术和现代出版物的绘本,在中国出现也有近百年历史。清末民初随着现代出版业的兴起,带着大量插图的图书和杂志开始进入日常家庭[4]。近些年国产绘本发展势头良好,然而与洋绘本相比还有一定的差距,引进绘本承载别国价值观与意识形态的同时受到了众多国内读者的追捧,国产绘本在汹涌而来的引进绘本挤压下几乎难以与之抗衡。

随着科技的发展,人们开始把纸媒儿童读物通过电子扫描的方式发送到电脑终端设备上,儿童的阅读方式也就相应发生了改变。儿童可以通

作者简介：张俊(1983—),浙江金华人,浙江大学城市学院工程学院硕士研究生,实验师。

过阅读器软件在电子屏幕上进行阅读，这是儿童绘本数字化的初级阶段。而绘本终端设备如ipad的出现使得电子绘本阅读进入了一个新的阶段，这一阶段的绘本集合了多种多媒体手段来展示绘本的画面。儿童在阅读绘本的过程中，使用手指进行翻页，利用指尖进行缩放，控制声音的大与小，形成了儿童与绘本的互动体验。

二、阅读实验设计

笔者通过设计实验来观察对比在亲子阅读环境下纸质绘本与电子绘本阅读的差异，实验以4—5岁的儿童为研究对象，以父母至少有一方一直陪伴儿童完成绘本阅读为前提条件。整个实验包含两个部分，即纸质绘本阅读和电子绘本阅读。

在选择实验的绘本时，纸质和电子绘本的故事应该选择有相似的角色数量、页数、字数，并且故事的情节和难易程度也应该类似，最好是选择同一绘本的纸质、电子两个版本。基于此，笔者选用了"我们的春夏秋冬"和"超级飞侠"这两个国内电子绘本应用程序，两个程序在应用商店里儿童读物类图书下载量排名都很高，其具有旁白和交互功能，且操作手势简单。纸质绘本方面选择了日系畅销绘本《小熊的春夏秋冬》以及《超级飞侠》同名纸质系列绘本，这些绘本每页的文字量较少，在无交互或交流少的情况下朗读时长在4—5分钟左右。

实验过程包含图书选择和图书完整阅读两部分，一次实验的时长控制在10—15分钟。这一过程中儿童需要完成一本电子绘本和一本纸质绘本的阅读，而具体绘本的选择以及绘本阅读顺序的选择由儿童自己决定。在阅读过程中，父母除了提供基本的电子绘本操作帮助以外，整个阅读过程完全由儿童自己主导。整个实验过程中，通过观察记录和录音两种方式完成每一组测试数据收集，并在实验结束之后，将观察记录和录音的内容整理成文本文档并保存。

三、阅读实验结果与分析

本次实验共采集了8组数据。为了尽量减少环境变化对儿童产生的影响，这8组实验都选择在儿童自己家中进行，符合儿童的真实阅读习惯。实际被测共含1位父亲、3位母亲和4个儿童。在4个被测儿童中包含2个男孩和2个女孩，其中4岁儿童2个，5岁儿童2个。被测儿童只认识一些简单的数字，汉字几乎不认识。具体如表1所示：

表1 被测儿童分组信息

序号	性别	年龄	纸质绘本	电子绘本
1	男1	5	小熊的春夏秋冬	我们的春夏秋冬
2	男2	5	小熊的春夏秋冬	超级飞侠
3	男1	5	超级飞侠	我们的春夏秋冬
4	男2	5	超级飞侠	超级飞侠
5	女1	4	小熊的春夏秋冬	我们的春夏秋冬
6	女2	4	小熊的春夏秋冬	超级飞侠
7	女1	4	超级飞侠	我们的春夏秋冬
8	女2	4	超级飞侠	超级飞侠

通过实验，收集了16份观察记录及录音，之后将其归纳整理为8组对比文档。其中，亲子间在阅读过程中针对某一话题的短对话或行为动作被计为1次交流，通过对比发现：8组对比数据中所有在阅读纸质绘本时都会有亲子互动交流，交流总次数在50次左右，即每次纸质绘本阅读都会有六七次的互动交流。然而，仅仅有2组被测在阅读电子绘本时会有互动交流，总次数也仅为6次，阅读电子绘本时亲子之间的交流行为仅为阅读纸质绘本的十分之一。当人为地将电子绘本中的交互功能降到最低时，在阅读电子绘本时的亲子交流仍然少于阅读纸质绘本时的亲子交流。

通过对阅读纸质绘本过程中亲子交流音频的详细分析，发现儿童在阅读纸质绘本时会通过发问和重复绘本内容的方式来表达和理解绘本含义，而父母在这个过程中不仅会关注儿童对故事的理解程度，还会关注儿童的阅读能力水平和阅读习惯的养成。

四、绘本选择与共读的思考

从阅读实验结果我们可以看出，在亲子阅读环境下，纸质绘本更有助于增进父母与孩子之间的交流与互动。而电子绘本本身又具有性价比高、更容易引起孩子的阅读兴趣等优点。因此，如何从不同视角去审视纸质与电子绘本的差异性，从而寻求绘本阅读与发展的新思路，笔者有以下几点思考：

（一）绘本阅读介质的选择

由于目前电子绘本特别是国产电子绘本与传统的纸质绘本相比，种类及数量都还很有限，并且只是在ipad等平台上才可以使用，在阅读时会受到一定物质条件的限制，所以亲子阅读首选应该是纸质绘本。而且在亲子共读纸本绘本时，如果父母能多运用语言及非语言的互动技巧,增进孩子的注意力与阅读兴趣,同样也能达到电子绘本阅读时的互动效果。

(二)电子绘本功能设计建议

基于目前电子互动绘本的功能以及实验测试中具体表现出来的问题,建议电子绘本的功能设计在阅读的基本功能和家长的辅助功能两个方面有所改进:电子绘本需要更加仔细地斟酌用词,需要将图片和声音更为紧密地联系在一起,应能够在孩子表达情绪或感受时给予正向反馈,应能够提醒儿童保持良好的阅读习惯,比如提醒儿童保持注意力或者保持正确的阅读姿势等。

(三)电子绘本亲子阅读建议

亲子阅读中父母对于电子绘本的态度决定了儿童行为的差异。很多父母将平板设备视为陪伴儿童的工具,儿童经常在独立的环境下进行阅读,而且电子绘本的交互功能又令儿童不需要父母的辅助也可以完成独立阅读,即使父母陪伴身边交流也会主动减少。

因此,儿童在进行电子绘本阅读时,父母仍应提供相应的陪伴和指导:电子绘本亲子阅读过程中与父母的交流行为可大大促进儿童口语能力的进步,激发儿童的朗读兴趣,孩子从大人讲故事的口语表达方式与肢体动作,可以认识到大人用温暖对待孩子的方式,还可以认识语词的使用情境;针对电子绘本无正向反馈的缺点,阅读过程中父母需要及时对孩子的需求或疑问做出反馈,也可以就绘本中体现的与个人生活经历相关的内容多与儿童交流,并注意培养儿童良好的阅读习惯。父母的角色功能有电子绘本本身难以模仿的优势。

作为两种不同的绘本阅读方式,传统绘本阅读与电子绘本阅读之间的差异性是巨大的,但这并不是说两者是相互独立的个体。通过设计实验来观察对比儿童阅读电子绘本和纸质绘本过程中与父母的交流行为差异之后,我们发现在阅读电子绘本时父母和儿童之间的互动交流相比传统纸质绘本变少,而在亲子共读纸质绘本时,儿童会通过发问和强化绘本内容的方式来理解绘本,同时父母会实时关注孩子对绘本的阅读能力、理解水平以及阅读习惯。

参考文献:

[1] 赵奕.学龄前儿童使用新媒体的影响与建议[J].新闻研究导刊,2015,6.

[2] 李悦.绘本的早期形态初探[D].北京服装学院,2016.

[3] 孔妍.利用绘本教学提高小学低年级学生阅读能力的研究[J].天津教育,2015,(1).

[4] 于佳慧.少儿图书的互动性设计研究[D].燕山大学,2013.

(上接第57页)核心经验及相关的数学知识、能力等。提供一组苹果,其中含有大小、颜色、方位等不同的条件,幼儿选取某一特征的不同,先目测一部分再接着数的过程也会不同。这一发现促使幼儿更有兴趣从多角度地去寻找新的条件,苹果上的斑点、有无叶子、叶柄的长短等,有些甚至并不是教师有意识地为他们提供的条件。幼儿在其中不仅体验和积累目测数数结果与数数过程中被数物体出现的先后次序与数数无关的认识和经验,更重要的是提高了目测数数的速度,促进了幼儿多角度思维的发展,拓展了幼儿的目测经验。目测数群的教学并不是单纯的知识或技能的传授,而是在追随幼儿发展的基础上,为幼儿提供了一种学习新的知识技能的思路和方法,操练了幼儿的思维,促进了幼儿学习方法素养的习得,从而使幼儿走向深度学习。

中班幼儿目测数群能力的培养,是对幼儿学习逢双数、逢五数、逢十数的铺垫,在大班学习数的组成和加减时显得轻松、反应灵活。幼儿数学能力的发展虽然不同发展阶段有不同的特点,同时也是一个连续发展的过程,只要我们一如既往地尊重幼儿的已有经验,提供丰富的环境、材料,不断与幼儿对话,不断地追随幼儿的发展,每个阶段教育目标的实现都为后继学习创造条件,幼儿思维的灵活性、准确性、敏捷性都将得以提升。

参考文献:

[1] Rosalind Charlesworth Karen K.Lind.幼儿数学与科学教育(第四版)[M].李雅静,龙洋,等译.北京:北京师范大学出版社,2011.

幼儿园绘本情趣阅读实践研究

潘 岚

(仪征市实验幼儿园,江苏仪征,225000)

【摘要】 随着智能化时代的到来,世界形势发生着深刻变革,高度发达的社会经济也影响着人们的思想观念。教育理念也随着社会进步发生了日新月异的变化。现在人们普遍将对幼儿的教育放在首要位置。其中,阅读教育在幼儿早期教育中的地位更是举足轻重。所以,应该充分思考幼儿阅读教育的重要性,以多种形式培养和锻炼幼儿的阅读能力。其中,绘本阅读是一种提高幼儿阅读和理解能力的有效形式。它以文字和大量图画相结合的形式深入浅出地向幼儿输出丰富的价值观。特别是绘本中丰富亮丽的颜色,极大地激发了幼儿的好奇心和对阅读的新鲜感,使幼儿愿意阅读,自发学习,从而对幼儿早期智力开发起到积极作用。

【关键词】 早期阅读;绘本;阅读教育

随着近些年国内教育体制的改革,对幼儿教育改革的讨论也一度成为处在风口浪尖的话题。但是,幼儿早期教育中,语言教育的重要性是毋庸置疑的。换言之,早期阅读开发的重要性也不言而喻。况且,如今胎教、早教等流行之风日盛,所以提高幼儿早期阅读能力是大势所趋,也势必会有越来越重要的地位。当然,做好幼儿早期阅读能力的开发对幼儿日后学习其他内容也能够奠定坚实的基础。那么,我们应该从哪些方面着手培养幼儿的阅读能力呢?浅显易读的绘本阅读就成了不少家长的不二选择。绘本很好地将文字和图画融合,也有一些绘本通篇没有文字,用这种孩子更容易接受的方式将有效信息潜移默化地让幼儿接受。这样的方式不仅让幼儿乐在其中,更能在不知不觉中开发幼儿对阅读和学习的积极性,提高幼儿的审美能力和想象力,在幼儿情商培养方面也有相当重要的影响。让幼儿更愿意在老师和家长的共同配合下,毫无压力地接受新知识,培养自主学习能力,激发学习兴趣,心智方面从而取得爆发性成长。

一、学前教育中进行绘本情趣阅读的意义

绘本在幼儿早期智力开发中的积极作用是不可替代的。作为最适宜幼儿接受的读物,审美能力、想象力、语言表达能力、逻辑思维能力的培养都可以通过大量丰富的绘本阅读来完成。这些阅读可以让幼儿心智不断地发展成熟,全方位地提高幼儿的综合素质。

绘本情趣阅读不同于传统书本教育。它能不断丰富幼儿的词汇量。其中的插图也可以陶冶幼儿的审美情趣,滋养幼儿的心灵。第一,大多数绘本作品的语言简短又活泼生动,符合幼儿的阅读和思维特点,使幼儿愿意跟读,激发阅读兴趣,在欣赏绘本的同时积累大量的词汇,培养语言表达能力。第二,绘本作品中的图画颜色明快丰富,精美的插图、清新的配色都带给幼儿美的享受。对开发幼儿的绘画兴趣、提高审美能力、开发想象力方面都有十分积极的作用。特别是不少国际获奖绘本作品,其中的图画更能给幼儿带来良好的视觉体验,吸引幼儿大量阅读,使幼儿在阅读绘本故事的过程中,感受到图画的魅力。第三,优秀的绘

作者简介:潘岚(1969—),江苏省仪征市人,仪征市实验幼儿园园长,扬州市学科带头人。

本作品让幼儿沉浸其中，通过心灵与绘本故事对话，对幼儿逻辑思维能力的养成、心智的开发、健全人格的培养、完美品格的塑造都有积极的影响，使幼儿在绘本阅读中感受到勇敢、真诚、善良的滋养。

绘本情趣阅读根据不同年龄段的幼儿身心发展特点，激发幼儿对阅读的兴趣。其最大的不同之处就在于省却大量晦涩难懂的文字，改用明快简洁的图画，配以简短有趣的文字，让幼儿在直观上体会到绘本故事传递的意义，符合儿童的思维方式，比成人读物更容易激发幼儿对阅读和书本的兴趣。

绘本情趣阅读不但可以培养幼儿的想象能力，更能开发幼儿的创造力。通过适合幼儿身心发展的故事情节、色彩明快的插图，绘本给幼儿带来艺术性极强的阅读体验。幼儿在通过绘本认识世界、认识人生、拓宽眼界、提高认知水平的同时，更能通过对绘本故事情节的体验，塑造自身人格，激发自主探索世界的兴趣。

二、绘本作品的选择

不同年龄段的幼儿对信息的理解和接受有不同的特点，所以应该充分考虑到不同年龄段的幼儿身心发展特点，去选择适合孩子接受的绘本作品。当然也要充分考虑到不同幼儿的性格特点和个体差异，结合幼儿不同的敏感期特点，选择易于被幼儿接受的绘本情趣阅读题材。另外，还要考虑到幼儿的个体兴趣和喜好，因材施教。只有建立浓厚的阅读兴趣，才能达到事半功倍的效果，才能为培养孩子的学习习惯和阅读习惯奠定良好基础。

（一）图画选择要清新鲜明

几乎所有的孩子都对动画片有浓厚的兴趣，不由自主地被动画片中纷繁的色彩和有趣的情节吸引，这是因为动画片更贴近幼儿的认知习惯和认知水平。绘本选择中应该借鉴动画片的特点，选择图画内容丰富多彩的、对比明显的绘本。在对幼儿表达和传递信息方面，图画比文字显得更为重要。只有通过色彩明快的图画吸引幼儿的兴趣，才能更好地通过绘本起到积极的教育意义，提高幼儿的阅读和理解能力。

（二）内容选择要贴切生活，符合幼儿的认知能力

幼儿由于生活经验与常识很少，所以在为他们进行绘本阅读教育的时候，一定要选择内容贴切现实生活的，千万不要太偏离生活实际。因为绘本情趣阅读并不是童话故事，如果偏离生活实际，会给孩子在以后对于其他事物的学习造成影响。对于幼儿早期教育来说，这种影响是巨大的、潜移默化的。所以在内容的选择上一定要选择符合生活实际的绘本情趣阅读，这样幼儿通过学习也会更加了解生活，了解这个世界的万物。

三、激发幼儿绘本情趣阅读活动的兴趣

兴趣是最好的老师。有了绘本情趣阅读的兴趣，幼儿就有了参与绘本情趣阅读活动的动力，从而就能更好地学习绘本情趣阅读。

（一）制定特定主题阅读

幼儿园一定要为幼儿提供数量充足的情趣阅读绘本，且保证内容丰富。在不同的时间阶段和一些特定的日子里，教师要根据不同特点制定不同的主题，然后引导幼儿走进主题，选择符合主题的绘本情趣阅读，让幼儿在这个主题框架下可以自由发挥、无限想象，学习更多的东西；然后在不同时期定期更换主题，这样能让孩子保持对绘本阅读的新鲜感，使孩子对每一个主题都有很大的兴趣去学习绘本情趣阅读。

（二）设置特定情景阅读

教师要根据自己的教学经验，为幼儿提供不同的阅读情景，让阅读变成一种有趣的游戏，激发幼儿的阅读兴趣。首先教师要根据此绘本所要表达的内容，为幼儿设置特定的阅读情景，引导孩子走进这个情景去亲身体会情景中的人物角色，更加理解情景中的各个角色，更加理解此绘本所要表达的内容与情感。这在很大程度上提高了学习的效率。

（三）各领域有机整合，为幼儿绘本情趣阅读提供手口并用的机会

我们经常说学习是手、脑、口等各个器官相互协调合作的结果，所以对于幼儿教育更要渗透这种教育思想，以提高幼儿的学习能力。教师在给幼儿进行绘本情趣阅读学习教育的时候，一定要充分发挥孩子的无限想象力。在每一次的学习之后，教师可以鼓励孩子在这个绘本所表达的故事情节和内容发展上进行想象，鼓励孩子想象后续将要发生的故事，可以用语言表达出来，也可以用图画表达出来，然后也可以将自己的图画送给自己的爸爸妈妈，作为感恩礼物，这样也教育了孩子的感恩思想。每一次的绘本教育一定要将幼儿融入学习当中，这样才会使得孩子有收获，有进

步,从而提高孩子的综合学习能力。

四、幼儿园开展绘本情趣阅读的实践

绘本是幼儿最喜欢的一种图书形式,通过绘本情趣阅读幼儿能够进一步地与故事对话,实现心灵与生活的对话。绘本阅读对幼儿来说是一件快乐的事情。幼儿园在开展绘本情趣阅读时要充分考虑幼儿的身心发展特点,从幼儿的需要出发,无论是幼儿自己阅读还是教师带着幼儿一起阅读,教师都要深刻认识到快乐阅读和快乐讲述的重要性。

(一)教师要做到让幼儿快乐阅读

快乐讲述、声情并茂阅读对于幼儿来说本来就是一件快乐的事情,在幼儿独立进行绘本情趣阅读时,教师要让幼儿自主选择自己喜欢的绘本,这样幼儿才能读得开心。教师在给幼儿讲述绘本故事的时候也要带着快乐的心情,这样才能将快乐带给幼儿、感染幼儿。讲述时教师要根据故事的情节变化和人物的心理变化等变换语气、语调和表情,适时配以肢体动作,声情并茂地给幼儿讲述故事,这样才能充分吸引幼儿、激发幼儿的兴趣,让幼儿懂得故事所要表达的道理。

(二)教师要为幼儿营造一个良好的阅读环境

良好的阅读环境是保证阅读质量的重要前提。教师要为幼儿营造一个愉快、平等的阅读氛围,让幼儿彼此欣赏、共同学习。此外教师还要让幼儿自主选择所要阅读的书籍、阅读伙伴、阅读方式等,以营造一种开放的物质环境。

(三)教师要从幼儿的兴趣出发,尊重幼儿的年龄特点

兴趣是最好的老师,对幼儿来说更是如此。教师在开展绘本情趣阅读时首先就要引起幼儿的兴趣,只有这样幼儿才会专心致志地阅读绘本或者听教师讲述。例如教师在讲述《小猪变形记》这个绘本故事的时候,一开始就可以让幼儿根据绘本封面和故事题目猜猜小猪的变形,并问问幼儿他们想变成什么以及为什么,引起幼儿的兴趣。随着幼儿年龄的增长其兴趣范围也会不断扩大,因此教师要根据不同时期幼儿的兴趣来开展绘本情趣阅读。

(四)在绘本情趣阅读过程中教师要尊重幼儿的个体差异

阅读中语言的发展具有个体差异性,其中也包括教师要给幼儿个别教育的机会。在阅读过程中要善于观察幼儿的阅读行为,发现幼儿在阅读方面与其他幼儿的差别并加以耐心指导和讲解,尽最大努力让每一个幼儿都能够明白故事内容和所要表达的道理。

(五)教师在开展绘本情趣阅读时要与幼儿进行互动

师生之间、学生之间的互动能够充分调动幼儿的积极性,吸引幼儿的兴趣。教师在开展绘本情趣阅读活动时要为幼儿提供互动的机会表现自我。比如在《小猪变形记》中,教师在讲到小猪模仿长颈鹿、斑马、鹦鹉的时候,就可以让幼儿自己装扮成这些小动物进行表演,并说说自己的感受。这些互动有利于幼儿更进一步地了解故事内容,促进幼儿与幼儿之间、幼儿与教师之间的交流。

总之,绘本情趣阅读是打开孩子阅读能力的一把金钥匙。教师一定要从各个角度、各个方面去提高孩子绘本情趣阅读能力,提高孩子学习能力。绘本情趣阅读以其独有的优势特点,在幼儿阅读中发挥着不可替代的作用。培养幼儿的阅读能力就从绘本情趣阅读开始,让绘本阅读带领孩子开启阅读的大门。

参考文献:

[1] 颜晓燕.早期阅读教学的特征[J].学前教育研究,2009,(1).

[2] 潘成成.绘本情趣阅读在幼儿园班级管理中的有效应用[J].科教导刊,2017,(3).

[3] 李燕.幼儿园绘本情趣阅读的实践研究[J].新丝路(下旬),2015,(10).

[4] 夏媛媛.学前教育本科生绘本情趣阅读指导技能训练的有效策略:以河南科技学院为例[J].开封教育学院学报,2015,(9).

高职高专学前教育专业"产教融合、校企合作"人才培养模式实施现状及优化策略

张 晗 陶双骥

(苏州幼儿师范高等专科学校,江苏苏州,215100)

> **摘要**:本研究采用文献法、问卷调查、访谈等方法,了解到当前高职高专学前教育专业在"产教融合、校企合作"方面尚存在人才培养规格与用人单位人才需求不符、教师双师素质不足、教学与实践脱节、模式单一等诸多问题。因此,本研究提出高职高专院校应提供制度支持和物质保障、完善人才培养方案、优化课程体系与课程质量、提升双师型教师素质,建设高质量教师队伍、加深"产教融合、校企合作"层次,共建校园合作等四点建议。
>
> **关键词**:高职高专;学前教育;校企合作;产教融合

一、问题提出

《国家中长期教育改革和发展规划纲要(2010—2020年)》提出建立现代职业教育体系,高职高专院校需以"产教融合、校企合作"作为建设现代职业教育的关键途径。依循"产教融合、校企合作"理念进行人才培养和教师队伍建设业已成为当前及未来诸多高职高专学前教育专业教育改革的主要方向和内容。但目前大部分高职高专学前教育专业在"产教融合、校企合作"方面仍存在诸多误区和问题,明确其具体问题将更有利于推动学前职业教育的内涵建设。

二、研究方法

为了解当前高职高专学前教育专业具体实践情况,从而找出存在的问题及成因,建构有效的指导策略,本研究在前期相关文献综述基础上,从人才培养方案制定、课程体系确立、实施途径与条件以及其"产教融合、校企合作"的模式、方式、成果等多个维度编制《高职高专学前教育专业"产教融合、校企合作"现状问卷》,并采用分层抽样和随机抽样相结合的原则选取不同地区19个高职高专学前教育专业作为调查对象,向各专业内有关管理者、教师或员工等进行问卷调查和访谈。

三、现状及问题

调查数据分析显示,受访院校学前专业80%具有十年以上办学经验,回答问卷者中专业教师与系部或二级学院领导或专业负责人各占50%,过半(55%)受访者表示对其所在专业目前"产教融合、校企合作"的实践效果表示不满意,并且都对本专业学生见习、实习等实践教学效果不太满意或完全不满意。具体来说,问题与原因主要有以下几个方面:

(一)用人单位参与人才培养方案制定的比例很低、程度不深

高职高专学前教育专业人才培养与用人单位人才需求息息相关,其人才培养方案的制定过程不应缺少用人单位的参与,通过调研发现:各学校学前教育专业人才培养规格的制定或修订70%由高校专业负责人制定,仅30%受调查对象表示

项目来源:该研究系苏州高职高专院校"产教融合、校企合作"教育改革研究课题(编号:2017SZJG025)、2017年江苏省高等教育教改研究立项课题(编号:2017JSJG411)的阶段成果,本研究得到江苏高校"青蓝工程"资助。

作者简介:张晗(1978—),山东临沂人,苏州幼儿师范高等专科学校学前二系主任、教授、博士;陶双骥(1990—),江苏南京人,苏州幼儿师范高等专科学校助教、硕士。

曾邀请幼教行业或幼儿园相关专家一起参与制定，而选择选项"主要由幼教行业或幼儿园相关专家制定本专业人才培养规格"的比例为0。

以高职高专学前教育专业负责人或院系领导为主体的人才培养规格制定团队大都远离学前教育一线和幼儿园等用人机构，其所制定的人才培养规格往往比较偏向专业基础教育，导致学生动手能力较差，不符合企业要求，用人单位与学校直接对接难。

（二）课程体系、实践条件与"产教融合、校企合作"人才培养模式不匹配

当前高职高专学前专业课程体系制定依据不合理、专业教材主要来源集中、实践基地建设不合乎幼儿园需求等问题也比较突出。同时，目前高职高专学前教育专业"产教融合、校企合作"模式还较单一、合作深度还不足。

作为幼儿教师培养单位，25%受访者表示其专业课程体系制定完全依据幼儿园教师工作过程及能力要求，75%表示主要依据该要求。在专业教材来源方面，50%为各高校教师编写的教材或本学校自编校本教材，仅有40%表示部分教材为高校与幼教行业、企业专门合编。

高职高专学前教育专业附属幼儿园、实训室等实践基地建设不能满足学生实践需求。调查显示，40%的受访高职高专学前教育专业没有附属幼儿园，学生见习、实习多存在不便；同时，高职高专学前教育专业实验（实训）室项目的开发主体、数量方面也存在诸多不宜之处：首先，实验（实训）室项目开发者以专业教师为主（65%），以学校教师与幼教行业、企业人员为主占30%，而仅5%的学前专业实训项目由幼教行业或企业人员担任主要开发者；其次，受访者所在学前专业实验（实训）室的建设完全有专业教师或领导完成占60%，由学校教师与幼教行业、企业人员共同建设占30%，而较小部分由幼教行业或企业人员完成的仅占10%；再次，受访学前教育专业实验（实训）室仅35%由高校与幼教行业或企业合建；最后，这些实验（实训）室仅40%对幼教行业或企业开放使用。

（三）教师"双师"素质不足，教学与实践脱节

调查发现，"双师"型教师数量不足问题以及教学与实践脱节现象在当前高职高专学前专业"产教融合、校企合作"落实中较为突出。

数据显示，受访高职高专学前教育专业中由来自幼教行业、企业的教师担任日常教学的比例非常低，50%的院校该类教师比低于10%，其余也都在10%—30%之间；同时，受访高职高专学前专业专业课教师中双师型教师的比例也不高，仅35%的院校该类教师比达到60%—80%。此外，教育教学与实践环节相脱节现象也较为严重，其中既包含学生培养与实践脱节，也包括教师课题研究与实践脱节，又包括高职高专院校与幼儿园、企业之间在人才培养规格方面缺少协同。数据显示，虽然85%的受访者表示其所在学前专业通过校内教育与幼教机构实践交替进行的方式进行学生培养，但从实践学时占总学时比率上看，仅25%受访高职高专学前教育专业学生专业实践学时占总学时的50%—60%，其余皆低于50%；而对当前本专业开展横向课题、科研成果转化等情况，也仅20%的受访者表示满意或非常满意；关于学前教育专业是否与幼教行业、企业开展"订单式培养"项目，仅40%受访者选择有相关合作项目。

（四）院系"产教融合、校企合作"态度及支持力度欠缺

高职高专学前教育专业对"产教融合、校企合作"人才培养模式的态度以及配套制度也是当前高职高专学前专业实践中现存问题之一。

高职高专学前教育专业受调查者对"产教融合、校企合作"人才培养模式的态度是相对一致的，即认为这种模式是必要的。但同时，在高职高专学前专业培养过程中，60%受访者对其所在专业学生培养过程中的"双导师制"执行情况表示不太满意或完全不满意；在本专业内，并非所有教师完全支持学前教育专业"产教融合、校企合作"，数据显示，虽85%教师非常支持或支持，但仍有15%教师不太支持该模式；50%受访者对所在学校支持学前教育专业"产教融合、校企合作"配套制度及支持力度表示不太满意或完全不满意，40%表示满意以及10%表示非常满意。

四、对策

（一）高职高专学校需提供更为完善的制度支持和物质保障

"产教融合、校企合作"人才培养理念下，高职高专学前教育专业在专业建设与结构上需注重与幼教机构、幼儿园等用人单位、行业对接，培养能满足幼儿园等单位、企业需要的学生。当前，全国各高职院校正处于深化"产教融合"的改革热潮之中，学前教育专业也不例外。高职高专院校

要主动适应,积极完善相关制度建设,支持和鼓励学前教育专业开办专业产业,紧密结合幼儿教师培养与幼教产业,建立相关奖惩制度。此外,学校与院系也要加大资金与政策支持,引进一批幼教行业杰出教师、企业人才,提供资金建设专门的校内实训室、校外实训基地等,同时不定期邀请相关幼教行业、高校专家参与院系建设研讨,及时把握学前教育行业的发展方向,确保专业设置和建设的科学性与前瞻性。

(二)完善人才培养方案,优化课程体系与课程质量

以"产教融合"为导向,以培养幼教行业需要的学生为导向,优化高职高专学前专业人才培养方案,提升学前课程设置的科学性、实践性,使学前课程基于工作过程的导向成为必然。学前专业人才培养只有以幼教行业需要为导向,培养熟悉学前教育专业岗位群的工作流程、环境、规范以及素质、能力、知识要求等,才能确保所培养的学生会教、能教,才能保证学校与幼教用人单位之间的顺利对接与高效过渡。

高职高专学前专业课程体系是落实实用性、实践性人才培养方案的重要载体。课程体系要打破一方面要尽可能依据用人单位性质即依据幼儿园教师工作过程及能力需求,另一方面又要兼顾学生专业基础知识与实践能力的获得,目前大部分高职高专学前专业课程体系中往往缺少后者。因此,在课程设置方面要大幅增加学生见习、实习时间和内容,有针对性地为学生提供教育教学技能学习和训练的课程,让学生了解幼教行业、熟悉幼教行业,最终达到会教,能教,善教。

同时,在倡导幼儿园课程园本化的今天,高职高专学前专业不妨也大胆进行学前专业教材的"园本化",以学前教育或早期教育为主要方向,结合学生生源地、预期就业以及学生能力,邀请教育主管部门、社会幼教机构、高校教师一起编写专科课程教材。同时,大力聘请具有丰富的一线教育经验的幼儿园骨干教师、园长参与到专业课程的授课中来。

(三)提升"双师"型教师素质,建设高质量教师队伍

教师质量的高低决定教学质量,也决定学生质量,只有教师具备了专业知识与实践能力,才能培养出具有相应才能的学生。在"产教融合、校企合作"背景下,高职高专学前专业教师的素质成为这一改革中重要环节。培养具备专业理论知识与实践能力的"双师"型高校学前教师,一则需要各高校提高教师招聘专业门槛,引进一批具有扎实学前教育理论知识的新教师,提高教师专业性;二则需要高职高专院校与幼儿园等幼教机构建立合作机制与平台,即"校企合作",开展在人才共享、技术互通等各个方面的合作,充分发挥双方优势,使高职高专学前教育专业教师有组织、有计划地参与到幼儿园教育教学、管理、研究的各项工作中,充分发挥自身职业素养优势,锻炼实践能力,成为"双师型"人才。

(四)加深"产教融合,校企合作"层次,共建校园合作

不断加深学前专业与幼教行业的融合,是高职高专院校推进"产教融合、校企合作"的重要内容。高职高专学前专业与幼教行业、企业等各类用人单位之间不但要建立稳定的合作,还要不断深化合作,使高职高专院校最终与幼教机构、企业等共同开展教育活动,达到校与企的共赢。

调查发现,目前部分院校学前专业与幼教机构的合作还只是浅层次的,一些如附属幼儿园等基本合作平台尚未建立。深化校企合作,首先要从完善合作机制和平台建设入手,保障教师与学生都能有稳定的实践锻炼机会;其次,深入到人才培养方案、课程计划、教材编写等更深层次的合作,让校、企人才加速对流,互相学习;最后,共同营造一种文化的氛围,让幼教企业文化与高职高专院校文化融合,共同培养爱岗敬业、师德高尚的幼教工作者。

参考文献:

[1] 李克强.全国职业教育会议[EB/OL].http://www.chsi.com.cn/jyzx/201406/20140624/1057593134.html,2014-06-24.

[2] 张晗,李悠.校企合作培养"双师型"教师的策略研究——以高职学前教育专业为例[J]中国成人教育,2014,(2).

[3] 关婧.高职学前教育专业学生职业能力培养研究——以某高职院校为例[D]兰州:西北师范大学,2015.

[4] 张晗.基于工作过程导向的学前教育专业课程体系建构与实施[J]中国成人教育,2012,(19).

[5] 冯国利,周东恩.幼儿园教师"校园"双主体培养的实践探索——以大连职业技术学院学前教育专业为例[J]中国职业技术教育,2016,(20).

互通整合、共生共长
——家园共同体在幼儿园班级管理中的实践探索

李 娟 胡 娟

(苏州工业园区新洲幼儿园,江苏苏州,215000)

【摘要】 在幼儿认知能力、社会能力、行为习惯等逐渐养成与发展的时期,家庭和幼儿园共同承担着不可或缺的教育重任,家园双方的教育理念、教育方式形成和谐统一的整体,将对幼儿的成长形成持续、互补、积极的合力。因此,在班级中建立家园共同体,有助于老师和家长之间更好地相互理解与互通,促使家长们在参与、体验和交流中不断更新自己的教育观念,促使老师进一步提升自己的专业素养,还能通过家园双方教育资源的有效整合,激发家长们的担当意识、拓宽家长的教育思维,促进幼儿更为健康的发展。

【关键词】 家园共同体;幼儿园班级管理

3—6岁是幼儿认知能力、社会能力、行为习惯等养成与发展的关键时期,幼儿如果能够在幼儿园和家中接受到统一理念和方式的持续性教育,那么就能得到家园双方更多的共同关注与支持。然而,在幼儿园班级管理的过程,家园共育的作用因为一些实际原因,尚未发挥理想的效果。例如,并非所有的老师都具备丰富的专业知识和过硬的专业素养,能够很好地指导家长;不是所有的家长都是具有科学的育儿理念,懂得关注幼儿的成长,愿意主动和老师相互配合。有一部分家长对孩子某个年龄阶段的发展特点和一些行为不甚了解,会用一些不太恰当的言语评价孩子,影响孩子的行为,打击孩子的心理;有一部分家长不太注意审视自己的教育行为意识和习惯,自己不付诸行动,对孩子却有这样那样的不满和要求;甚至还有极个别家长还会表现出对孩子完全甩手放任的态度。孩子上幼儿园后,虽然有了老师和学校较为系统、科学、全面的教育,但家庭和家长的教育责任与作用却始终是无法替代、不可或缺的。只有幼儿园与家庭形成一股合力,通过家园共同体的建立,使幼儿园和家庭双方的教育经验、教育行为保持相对一致,幼儿才能在这种和谐的家园氛围中获得更多的安全感,才能逐渐养成积极、向上、稳定的生活与学习态度。

一、活动体验、增进理解

班级家园共同体以调动家长和老师的共同合作、形成伙伴式的关系为出发点,在不同的情境下开展内容丰富的活动,给家长们提供走进班级的机会,让家长们能够了解孩子在幼儿园游戏、生活、同伴交往等各方面的状态。例如,通过开展半日开放活动、亲子活动等,让家长近距离观察孩子。幼儿园老师因为具备初步的教育学和心理学知识,有着与幼儿接触较多的便利条件,对幼儿的日常生活、游戏、同伴交往等有较多的观察和了解,所以无论从知识和经验还是从家长的信任程度来说,都具有一定的优势。老师通过活动前期和活动现场对家长们进行有意识地引导,指引家长比较科学细致地关注孩子的行为,了解孩子的认知情感、行为习惯、运动能力、交往能力、探索意识、安全技能等方面的发展与潜能,从而能够有

项目来源:本文系2017年江苏高校哲学社会科学研究基金项目"课程游戏化背景下幼儿园教师课程领导力提升的实践研究"(项目编号:2017SJB2255)和江苏省教育科学"十三五"规划2016年度重点课题"新升格幼专的学校文化建构研究"(课题编号:B-b/2016/03/35)的阶段性成果。作者简介:李娟(1983—   ),江苏苏州人,苏州工业园区新洲幼儿园教师。通讯作者:胡娟(1978—   ),山东枣庄人,苏州幼儿师范高等专科学校副教授。

意识形成近阶段家庭教育的目标。

在班级半日开放活动、亲子活动中,比较理想的状态就是孩子父母来参与,祖辈们相比之下会对孩子更加宠爱、无原则,对孩子的养育观念也会相对固化守旧,而且当教师对家长的要求、希望等信息不能直接与幼儿的父母沟通,只能通过祖辈转述,信息容易失真。然而,在现实中,班级中幼儿由祖辈来负责日常看护、入学接送的不在少数,祖辈们的确承担了一定的教育重任。因此,在班级家园共同体的建立过程中,除了对幼儿父母的激励和调动,祖辈也是共同体中不可忽视的一个部分。

美国社会学家H·海曼等人构建的参照群体论认为:非面对面的人际接触是社会互动的特殊方面;参照群体是个体在心理上所从属的群体;个体将其参照群体的价值和规范作为自己的社会观和价值观的依据,作为评价自我和他人的标准;参照群体具有规范作用和比较作用。我们在进行祖辈家长工作的时候,就可以参照群体论为依据采取一些妥当的方式解决问题。我们专门结合端午节、重阳节等节日活动,邀请祖辈们走进班级,体验孩子在班级中的生活,了解孩子与孩子之间相处的纯正,感受老师对孩子的关心与照料,也逐渐萌发出祖辈们因为孩子而连接起来的群体归属感,同一个班级孩子的祖辈们在认知观念、教育理念、处事方式甚至语言表达等方面都千差万别,但大家因为孩子而相识,在某种程度上他们构成了一个群体,拥有集体的概念。我们会选择时机,运用群体的力量,和祖辈们谈论有关孩子的交往问题。在群体中,祖辈们都会显得更加开明、宽容、公正,并支持老师公正公平的教育教学方式,在这种群体氛围的烘托下,个别有偏袒现象或曾经处理孩子问题时有不恰当言行的老人,往往会出现转变,这就是集体的力量。班级里相对比较热心、教育观念比较开明的老人是祖辈群体正能量的象征,当有时孩子间发生些小摩擦、小状况的时候,用集体的力量去旁敲侧击地给当事人做做思想工作,以老人们的视角互相聊聊孩子们发生矛盾后比较恰当的处理方式,能让祖辈们内心有更多的宽慰,有效避免了因孩子小摩擦升级成家庭间的矛盾。充分使用群体的力量,挖掘群体中榜样的力量,凝聚祖辈家长们的正能量,营造良好的祖辈家长群体氛围,并在榜样力量的影响和带动下,不断扩大"好爷爷好奶奶"们的队伍,使得这个群体中的每一位爷爷奶奶都受集体力量的鼓舞,遇事能以集体为重,有班级体的整体意识,并激发自己做一位"好爷爷好奶奶"的意识。

以活动为载体,邀请父母或祖父母加入到班级中来,不仅使得家长有近距离观察幼儿在园的状态,了解老师在一日活动组织过程中对幼儿的关注和用心,互相增进理解,同时也给家长们提供了横向与纵向观察、了解的机会,扩大观察的视角和范围,了解同一年龄段的幼儿大致的发展水平,分析自己家孩子在班级集体中的优势与不足,从而能够有意识地取长补短,这也是班级家园共同体这个集体所赋予的机会和力量。

二、观念交换、拓宽理念

我们通过摸索和实践逐渐发现,发挥家长的力量来教育家长,往往能起到事半功倍的效果,请家长们现身说法,介绍自己孩子教育过程中的困惑、尝试、收获、感想等,能使得家长们感同身受,平实的家庭教育小例子、小经验能激发家长们内心的涟漪,起到较好的育儿观念互通与交换的效果。因此我们有意识地挖掘家长中的教育资源与家庭教育经验,秉承"来自家长、激发家长、支持家长"的理念,请有经验的家长们积极成为家长主题沙龙活动的主讲人,介绍自己育儿的一些小经验,以家长的身份,运用家长群体的力量激发全体参与人员的家庭教育意识,更形象生动地了解"他们家"的一些具体想法与做法,运用到"我们家"来,营造积极科学的早期家庭教育环境,促进幼儿的早期发展。每学期的家长活动,我们都会根据孩子的年龄特点、发展状况等,设计专题性的沙龙活动。例如,小班幼儿的入园适应、独立能力、自理能力的锻炼等习惯养成是比较关键的内容,我们就开展了相关专题的家长沙龙活动,请班级中吃饭、穿衣相对习惯良好的幼儿的家长,介绍家庭中习惯培养的一些经验方法,给予家长们一些切实可行的参考与借鉴,了解如何与孩子一起建立良好的生活作息制度,积极运用鼓励与忽视并行的方式纠正并消除幼儿的不良行为。并根据自己孩子的性格特点,不断提高对幼儿的要求,并随着孩子理解能力的增加,为幼儿创设锻炼机会和以身作则的榜样,使家长了解到习惯是经过不断重复和反复练习而形成的,对孩子行为习惯的养成一定要有坚定的决心和充分的耐心。

孩子到了中班,有多位家长在孩子耐挫力、意志力培养方面表露出一些焦虑与不知所措。我们就结合家长群体的这一需求,开展了"当孩子遭遇挫折时"的专题沙龙活动。通过专题沙龙活动，家长们意识到孩子无论在生活上还是学习上，都可能会遇到很多先前不会的、没接触过的事，当孩子遇到困难、遇到挫折的时候，作为家长一般可以怎么处理对待呢？通过专题沙龙活动，家长们意识到首先需要分析孩子产生挫折的原因，使用一些可行的方法，陪伴和引导、鼓励孩子顺利度过每一次的小小挫折状态，增强抵抗挫折的能力。让家长意识到通过对孩子的陪伴和正向引导，帮助孩子更好地建立和完善自身的安全感，建立起更多的对家人、朋友的信任度，对世界产生更多的好奇和探究兴趣，让孩子不会因为太多的困难和挫折而经常愤怒。在聆听了家长们的一些幼儿耐挫经验分享和老师的概括提炼后，许多家长都意识到，当孩子遭遇挫折的最初阶段，有一些意志品质是会受用终身的，如吃苦耐劳的精神、独立意识、应付困难的勇气和心理承受能力。其次要帮助孩子建立正确的认知，通过分析让孩子意识到做不好可能是因为练习还不够，坚持多试几次就会越做越好，自己也有比别人好的优点；家长们要多给予一些语言上的适度期望、肯定和评价；还可以借助故事中他人的情绪体验帮孩子"整合挫败感"，并注意孩子情绪的正当宣泄，在孩子遭遇挫折产生挫败感或者畏难情绪时，做他坚强的后盾，给予心理支持与安抚。

到了大班，家长们自然会关注起孩子的幼小衔接相关问题，专题沙龙的内容自然会涉及"如何进行幼小衔接"方面的内容。我们会挖掘班级中的小学老师、家长，进行幼小衔接沙龙活动的主讲人，针对要不要提前学拼音、认字、写字等家长们疑惑的问题，进行细致客观的分析，帮助家长们减少焦虑，避免对外界各类培训的盲目跟风，根据自家孩子的个性特点有系统地制定幼小衔接计划，帮助孩子在认知、生活、学习习惯等方面做好多方面的衔接。

三、角色担当、激励行为

在幼儿的成长过程中担当应有的教育角色，承担起教育的责任，这是家园共同体建立的最大的愿望和目的。我们结合孩子的年龄特点、主题教学计划等，开设系列家长课程，调动家长的积极性，激发家长的能量，邀请家长以班级助教的身份收集教育资源、参与活动的策划与组织，这是我们的一项新尝试。

在每学年初始，我们给每位家长发放了班级志愿工作意向表，征集了解家长们对班级工作的服务意愿，然后根据意愿情况，陆续开设相关家长课程活动。小班我们根据孩子的年龄特点，以培养孩子阅读的兴趣、提升孩子良好倾听能力、语言表达力、记忆力等为目标，选择了陪伴与阅读这一主题，开设了"故事妈妈"课程活动。从9月孩子入园开始，每周一邀请两位家长进班给孩子们讲故事，故事内容涉及广泛，拓宽了孩子的知识面，"故事妈妈"们极大地萌发了孩子们的阅读兴趣，她们留在班级的一本本图书，都成了孩子们热捧的绘本，同时也激起了亲子阅读的动力。家长群体力量的运用，不仅挖掘了家长资源，还有效增进了家园互动，亲身体验了班级教师的工作和所要具备的专业素养。

家长课程活动除了小班的"故事妈妈"，还有以中大班幼儿科学启蒙为目的的"科学爸爸"课程、以提升幼儿运动能力和安全意识为目的的"运动爸爸"课程、以培养幼儿良好的生活技能为目的的"生活达人"课程等，家长们热情地组织这些丰富的课程活动，事先进行了精心细致的准备，很多家庭都是爸爸妈妈齐上阵，使出浑身解数，为孩子们献上家长课程的内容。家长课程活动极大地激发了孩子们的参与积极性，丰富了孩子们的教育教学资源，家长们利用自己的优势带领孩子们包馄饨、做蛋挞、拌色拉等和开展"颜色变变变""神奇的小纸船"等各种科学小实验，激发了孩子对生活和科学的浓厚兴趣。

随着活动的丰富和推进，家长们还会主动挖掘身边的一些教育资源，策划和发动孩子们在假期走进牛奶厂、苏州纳米研究所、银行等场所，还会组织孩子们一起走进大自然，观察季节的变化，带领孩子们拓宽知识面、接触社会，为孩子的全面健康成长肩负起更多的责任与担当。

参考文献：

[1] 李洪曾.如何进行家庭教育指导的实验研究[J].学前教育研究,1998,(2).

[2] 戈柔.幼儿教师与家长沟通障碍的成因剖析[J].学前教育研究,2003,(2).

[3] 李生兰.社会互动理论对幼儿教师与家长相互作用的启示[J].上海教育科研,2015,(1).

[4] 陈鹤琴.家庭教育——怎样教育小孩[M].北京:教育科学出版社,1994,280.

[5] 胡小燕.浅谈家园共育的有效策略[J].科技视野,2013,(36).

"熟手型"幼儿教师专业发展的路径探析

张绵绵

(华中师范大学教育学院,武汉,430079)

【摘要】"熟手型"幼儿教师处于教师职业生涯的关键阶段,但在其专业发展过程中却面临着职业倦怠、职业幸福感降低以及"高原现象"的现实困境。而其主要影响因素在于:幼儿教师专业发展意识、园本文化支持、幼儿园激励和评价机制的欠缺。文章从转变自身观念、塑造园所环境、创设目标激励等提出了"熟手型"幼儿教师专业发展的路径。

【关键词】"熟手型"幼儿教师;专业发展;路径探析

建设高素质的幼儿园师资队伍、提高幼儿园教育质量的迫切需求,引发了教育界对提高幼儿教师专业发展路径的思考,但不同发展阶段的幼儿教师所遇到的困境和获得专业发展的需求是不同的,实现其专业发展的路径也是各异的。"熟手型"幼儿教师是指"工作五年以上,对幼儿园教学与游戏活动比较熟悉,掌握了一定的教育教学技巧,具备幼儿学习和发展的相关理念和实践经验,能够胜任日常教学工作的幼儿教师"。作为幼儿园教师队伍的主力军,他们处在幼儿教师职业生涯的关键阶段,但也是产生心理问题最多的阶段。[1]新手型幼儿教师经过几年实践经验的积累,一般都能胜任学前教育工作成长为"熟手型"幼儿教师,但"熟手型"幼儿教师并不一定能成长为专家型幼儿教师,而且如果没有适宜的调适与引导很可能会离开幼儿教师岗位。所以,为使"熟手型"幼儿教师继续保持教学热情,实现教学实践和教育观念上质的飞跃,最终发展成为专家型幼儿教师,对"熟手型"幼儿教师专业发展面临的困境、影响因素和发展路径进行分析就显得十分重要。

一、"熟手型"幼儿教师专业发展的现实困境

教师的专业发展是一个动态的过程,获取专业知识和技能是幼儿教师走向自我发展道路的基础和前提。"熟手型"幼儿教师在经过几年工作经验的积累后,已经初步形成了独具个人特色的教学风格和教学模式,能够适宜地处理教育教学中出现的突发事件,根据对幼儿个体和班级整体的把握设置合适的教学环境。[2]但随着社会的发展和进步,职前所接受的普通文化知识和专业学科知识已不能适应现代学前教育发展的需求和幼儿求知的需要,且这一时期的幼儿教师经过了对学前教育的好奇和期待,教学热情下降,职业倦怠明显,工作幸福感降低,甚至出现"高原现象"。

(一)职业倦怠:幼儿教师专业发展的拦路虎

职业倦怠是幼儿教师专业发展中一个不可忽视的"拦路虎",教师职业倦怠是职业倦怠在教育领域的扩展。最早提出职业倦怠概念的是在1974年美国心理学家Freudenberge根据临床经验的概括总结提出的。此后,学者从不同的角度及各职业的特点对不同领域的职业倦怠进行概念界定。教师职业倦怠是指教师在教育教学等事务中感到力不从心,而产生的情感衰竭、对学生同事冷漠、个人成就感低、看不到自己工作价值的状态。[3]幼儿教师工作对象的年龄特点,决定了幼儿教师在工作中需要付出更多的时间和精力。在对幼儿教师专业发展需求的调查中一位工作7年的幼儿教师表示:"幼儿园老师是最吃力不讨好的职业,不像小学或中学的教师只要把课上好,提高学生的成绩就可以了,我们幼儿园的老师不仅要别出心裁地设计教学活动,还要照顾孩子的吃喝拉撒睡,有时候做班级环境创设,还要在周末加班或喊自己家里人帮忙做。幼儿发展又不能量化评价,

---

作者简介:张绵绵(1991—),河南商丘人,华中师范大学教育学院学前教育专业硕士研究生。

没有一点成就感,而且工资还少得可怜,家里的事情也顾不上,有很多同事在工作三四年后就转行了。"随着国家对学前教育的重视,幼儿教师的福利待遇也在逐渐上升,但目前在很多幼儿园,特别是农村和私立幼儿园,很多幼儿教师的工资还不到3 000元/月。一方面是幼儿教师工作性质的高投入和高付出,另一方面是物质生活的难以保障,这样的落差使得幼儿教师对自己的工作产生怀疑。在以往研究成果中发现,与新手型和专家型教师相比较,"熟手型"教师更容易产生烦闷、苦恼、疲惫等消极情绪,是产生心理问题最多的一个发展阶段。[4]

(二)职业幸福感降低:幼儿教师专业发展的危机潜伏期

幼儿教师的职业幸福感是幼儿教师群体职业生活质量的重要参照指标,对幼儿教育工作质量产生着重要影响。教师的职业幸福感是指教师在教育教学实践过程中,逐渐积累的对教师职业的认同,从而努力实现职业理想、持续稳定的快乐体验。[5]幼儿教师只有体会到教师工作给予其带来的幸福感和满足感,才会有寻求继续发展的动向。在经过了"关注生存"阶段后,很多幼儿教师表示:幼儿教育工作使他们感到单调、无聊、紧张、辛苦,孩子们在幼儿园的安全问题使他们感到紧张;日复一日重复的工作使他们感到无聊;工作得不到肯定、没有成就感使他们丧失了前进的动力。[6]有研究者对不同工龄段幼儿教师职业幸福感进行调查后发现:78.9%的幼儿教师表示最幸福的时期是在工作0—5年期间,再到后来就没有当初的新鲜感,对当前从事的职业感到厌倦,看不到自己工作的价值。[7]职业幸福感的降低,使教师看不到未来发展的前景,渐渐地丧失了发展的动力。

(三)"高原现象":幼儿教师专业发展的转折点

"高原现象"是指在专业理论知识学习和技能发展的中后期往往会出现进步的暂时停顿或者下降的现象。[8]"熟手型"的幼儿教师在经过几年的教育教学实践以后,对自己所教的学科领域越来越熟悉,并逐渐形成了自己的教学模式,所以在之后的教学工作中就会产生一定的惰性,不像新手型幼儿教师那样不辞劳烦地准备教具或备课,很容易产生职业发展"高原现象"。由于内外部因素的影响,幼儿教师个体出现职业"高原现象"持续时间各异。如果不能很好地处理职业"高原现象",幼儿教师只会感觉到自己每天都在重复着同样的事情,对教学活动设计和创新缺乏热情,认为作为幼儿园老师不需要什么专业发展,自己的实践经验足够应付幼儿园的事情,对幼儿教师专业提升前景感到迷茫,不愿意接受新的教学思想和教学方法,持一种"得过且过"的态度,直到退休都无法克服"高原现象",一直处于"熟手型"教师阶段。而对教师专业发展阶段有清晰认识的幼儿教师在经历"高原现象"时会积极找出问题的根源所在,充分利用周围的资源,对自己的教育教学实践进行反思,努力突破专业发展的瓶颈,最终向专家型教师阶段进取。综上可知,高原期是幼儿教师专业发展的关键期,处理得当会使得幼儿教师向更高一阶的层次发展,否则就会停滞不前,甚至会离开教师岗位。

二、"熟手型"幼儿教师专业发展的影响因素

"熟手型"幼儿教师是教师职业生涯中最容易产生心理问题的阶段,如果不采取有效的措施进行调节和转化,就会不知不觉中滋生消极情绪,产生恶性循环,不利于教育教学工作的进行,进而影响儿童身心健康的和谐发展。幼儿教师的专业发展受主体内外部多重因素的影响,每一种因素在其不同发展阶段所起的作用不同,影响"熟手型"幼儿教师专业发展的主要因素如下:

(一)幼儿教师专业发展意识

幼儿教师作为幼儿成长过程中的"重要他人"和教书育人的主体,实现专业发展是其价值体现的必然要求。幼儿教师的专业发展是外在因素和内在因素相互作用的结果,外在条件为幼儿教师的专业发展提供了可能,而内在因素才是幼儿教师获得专业发展的决定性条件。从新手型教师发展到"熟手型"教师经过了几年实践经验的积累,大部分都已取得一些教学成果,事业有成。但也从刚开始从事幼儿教师职业的新奇与活力、对未来工作充满无限期待的状态中,转向失去工作热情、产生职业倦怠、无专业发展心向的生存状态。而随着我国幼儿教师专业化进程的加快,社会对幼儿教师的要求也越来越高,职前学习的相关专业知识已不能满足当前学前发展的需要,而"熟手型"幼儿教师在面对日积月累的工作压力和心理问题时,如果不能进行主动调适,探寻新的发展路径,就会陷入苦闷、无聊、冷漠等专业发展的怪圈。成熟型幼儿教师与新手型幼儿教师相比有着更完善的实践经验,而对于成长为专家型幼

儿教师又感觉自信心不足。所以，在遇到专业成长难题时，不能基于自身的需要主动寻找解决方法，而是打着减轻自身压力的借口，对自身专业发展存在怀疑、逃避的态度，从而不能突破专业发展的瓶颈，朝着更高一个层级发展。

（二）园所文化支持程度

幼儿园作为幼儿教师专业发展的文化场域，其组织氛围、制度文化等都会对幼儿教师的专业发展起着潜移默化的影响。一方面，在管理体制上，虽然我国幼儿园基本上都是实行"园长负责制"，但这并不意味着园长"一言堂"的管理形式。幼儿园管理者的领导风格会对幼儿园的环境建设产生很大的影响，如果幼儿园管理者只是作为发号施令者，幼儿教师作为规则的遵守者，那么在长期的教育教学工作中，幼儿教师作为幼儿园集体中一员的归属感就会逐渐降低，工作的热情和积极性也会逐渐泯灭。而且在僵化的工作模式下，幼儿教师会逐渐丧失对自主工作状态的追求和主动寻求专业发展的欲望。在一些幼儿园为保障"工作质量"对幼儿教师之间实行"隔离"政策——不允许教师串班，新手型幼儿教师在遇到专业发展的困惑时可以向本班的"熟手型"幼儿教师求助，而"熟手型"幼儿教师想要随时获得专业帮助就会受到限制。另一方面，幼儿教师专业发展共同体近年来受到很多幼儿园的追捧，但在封闭和压制的幼儿园环境下，幼儿教师之间并未形成共同发展的意识，似乎"专业发展只是个人自己的事情"，这一体制也只是流于形式，未起到相互学习、激发教学潜能的作用。总之，僵化和管束的幼儿园文化会压抑幼儿教师的主体意识，消耗幼儿教师专业发展的激情。

（三）幼儿园的激励和评价机制

激励和评价机制是幼儿教师获得专业发展的动力源，各种激励措施影响着幼儿教师对教育教学和工作的态度，进而可能会对他们专业发展的需求产生影响。我国幼儿教师职称分为三级、二级、一级、高级和正高级教师，工作五年以上的幼儿教师基本上都是处于三级和二级教师，而再往上晋升的要求很高，比例又小，而且这种晋升机会一般都是园长或幼儿园管理人员所拥有。职称晋升机会的减少，在一定程度上削弱了幼儿教师专业发展的前进动力。除此之外，我国教育主管部门和幼儿园大多重视新手教师的培养，幼儿园的一些激励政策往往对新手型幼儿教师成长较为有利，各级教育部门和幼儿园组织的各类在职培训也主要是针对新手幼儿教师，而对于大多数取得一定职称的"熟手型"幼儿教师，参加专业培训和比赛机会的减少，使他们无法获得专业有针对性的指导和帮助。在幼儿教师评价上很多幼儿园较为注重教育教学的总结性评价，而忽视有利于幼儿教师专业发展的过程性评价，且评价的主体多是幼儿园管理人员，教师自评和同事之间互评常流于形式，导致评价缺乏一定的客观性和公正性，致使幼儿教师的工作得不到认可和肯定，久而久之，其工作的成就感和积极性也会随之减弱。[9]

三、促进"熟手型"幼儿教师专业发展的可能路径

（一）转变自身观念，树立终身学习价值观

《幼儿园教师专业标准（试行）》中明确表示：幼儿教师要具备终身学习的理念，具有终身学习与持续发展的意识和能力。"熟手型"幼儿教师要突破专业发展的困境，最重要的就是要改变自身专业发展的意识，不断地将新知识、新技术纳入自己的知识储备中。首先，幼儿教师要学会积极归因，进行自我调适。不同的归因方式决定了个体采取问题解决方法的差异，如果幼儿教师把自己专业发展中遇到的阻碍归因于缺乏努力，那他为改变现状，会积极寻求问题解决的途径，化阻碍为动力，以一种建设性的态度看待专业发展困境。相反，如果以一种"破罐子破摔"的消极态度对待专业发展困境，那只能使自己的职业生涯停滞不前或倒退。其次，转变自身角色。幼儿教师不仅是幼儿教育教学活动的组织者、游戏材料的提供者、幼儿发展的引导者，更是教育教学的观察者和研究者。一部分"熟手型"幼儿教师日复一日地重复着教学工作，而没有以研究者的身份看待日常教育活动中蕴含的教育价值。幼儿教师作为研究者既可以对自己教育教学中遇到的问题进行总结与反思，找到解决问题的突破口，也可以通过自主学习提升自身的专业理论素养。最后，幼儿教师要具有自我反思意识。反思意识是幼儿教师获得专业发展进步的阶梯，成熟型幼儿教师的反思应当以突破自身思想和认识为基础，敢于正面认识自身专业知识和技能的不足，积极接纳别人的建议，与同事、专家交流，扩充自身的专业理论知识，对教学中遇到的实践困惑及时验证，多层次多维度地对自我观念和行为进行深层次的思考和分析。

（二）塑造园所环境，创设支持性组织氛围

幼儿园的真实情景为幼儿教师的专业发展提供了现实土壤，和谐的、支持性的园所环境是幼儿教师专业发展的支撑和保障。[10]幼儿园想要拥有一支高素质、具有专业发展和终身学习意识的幼儿教师，就要为其创设一种"学而不厌，诲人不倦"的园所氛围。首先，幼儿园要为幼儿教师专业发展提供充足的物质保障。丰富的物质环境为幼儿教师获得专业发展提供了可能，益于激发其专业发展。如：有些幼儿园每学期为教师报销100元的书籍费用、提供专门的集体备课室、电子阅览室和图书室等。其次，幼儿园要创设和谐的园所氛围，提高幼儿教师的归属感。民主开放的管理体制，能赋予幼儿教师更大的专业发展自主权和自由度，如果幼儿园管理者能秉承着"以人为本"的管理理念，鼓励幼儿教师参与幼儿园事务的决策，就可以提高幼儿教师的工作热情，增强其职业幸福感。而且幼儿教师之间的合作、沟通与交流，不仅能强化各班级教师之间的互动性，促使幼儿教师在班级间的合作，还能使教师在共同体内发挥自己的特长，激发幼儿教师个人的责任心和成就感，达到资源共享、信息互通。同时，幼儿教师之间的情感交流可以使其感受到集体的友爱与温暖，虽然"熟手型"幼儿教师个体专业发展中遇到的困境各异，但也有一定的相似之处，专家型教师通过自己的亲身经历可以为"熟手型"幼儿教师突破专业发展困境指点迷津，缓解其专业发展的压力。幼儿园要为"熟手型"幼儿教师获得专业发展搭建平台，为其提供参加各种学术团体和专业培训的机会，同时可以实行"专家进园"的政策，为幼儿教师在教学组织和教学研究上提供有针对性的指导和帮助。

（三）创设目标激励，建立适宜的评价机制

在我国，幼儿教师的职称评定还在不断地完善，虽然迎来了幼儿教师可以评定正、副教授的新举措，但对于成熟型幼儿教师来说，这一目标太遥远，无法增加其内心的成就体验。所以，为提高"熟手型"幼儿教师专业发展的动力，应从创设近期发展目标出发，增加"熟手型"幼儿教师的成功体验，进而向最终目标迈进。首先，"熟手型"幼儿教师虽然相较于新手型教师参加竞赛的机会减少，但有着丰富的教育教学和参加比赛的经验，因此可以设置优秀辅导奖，如果其积极指导的新手幼儿教师获奖，也享有同等待遇。这样既能发挥"熟手型"幼儿教师的优势，又能激发其工作的热情和积极性。其次，现在很多幼儿园都在申请课题研究，但研究不是研究员的"专利"，普通幼儿教师也可以做研究。幼儿园可以制定相关的课题研究制度，利用幼儿园和高校资源组织专业培训，鼓励"熟手型"幼儿教师参加课题研究，并对其进行跟踪辅导。在每个学期末教研组要对课题研究进展情况进行评比，并设立指导奖或参与奖，给予一定的物质或精神奖励，鼓励参与者分享自己的研究成果、心得和经验，激发"熟手型"幼儿教师参与课题研究的热情。对于"熟手型"幼儿教师来说，在评价机制上更应该注重多元化和客观公正性。在评价目标上，应以促进"熟手型"幼儿教师专业发展为导向，充分利用教师专业发展档案袋的作用；在评价功能上，重视过程性评价，对于其在工作中取得的进步给予及时正面的反馈；在评价主体上，采用幼儿园领导、幼儿家长、同事、幼儿教师本人等多主体的评价模式；在评价方法上，要将量化和质性材料相结合，既要注重实地的考察与分析，也要重视幼儿教师自身的反思意识和发展的意向。

总之，对于"熟手型"幼儿教师专业发展既需要自身专业发展意识的提升，也需要外部条件的支持，通过不断的激励措施，重新激发其专业发展的热情，克服专业发展的困境，向专家型幼儿教师迈进。

参考文献：

[1] 连榕.教师专业发展[M].北京：高等教育出版社，2007：179.

[2] 岳亚平.不同专业发展阶段幼儿教师知识结构的特征比较[J].学前教育研究，2011，(9).

[3] 金忠明，林炊利.走出教师职业倦怠的误区[M].上海：华东师范大学出版，2006：94.

[4] 连榕.新手—熟手—专家型教师心理特征的比较[J].心理学报，2004，(1).

[5][6][7] 束从敏.幼儿教师职业幸福感研究[D].南京师范大学，2003.

[8] 杨晓.教师专业发展[M].北京：北京师范大学出版社，2013：45.

[9] 郑佩颖.山西省幼儿园教师质量评价的现状研究[D].山西师范大学，2017.

[10] 王一雯.幼儿园初任教师专业发展：困境、成因及出路[J].教育探索，2016，(7).

图书在版编目(CIP)数据

江苏幼儿教育.2018.3/孔宝刚主编.—上海:复旦大学出版社,2019.3
ISBN 978-7-309-14178-8

Ⅰ.①江… Ⅱ.①孔… Ⅲ.①幼儿教育-研究 Ⅳ.①G61

中国版本图书馆 CIP 数据核字(2019)第 036132 号

江苏幼儿教育.2018.3
孔宝刚　主编
责任编辑/朱建宝

复旦大学出版社有限公司出版发行
上海市国权路 579 号　邮编:200433
网址:fupnet@fudanpress.com　http://www.fudanpress.com
门市零售:86-21-65642857　团体订购:86-21-65118853
外埠邮购:86-21-65109143　出版部电话:86-21-65642845
常熟市华顺印刷有限公司

开本 890×1240　1/16　印张 5.5　字数 154 千
2019 年 3 月第 1 版第 1 次印刷
印数 1—5 100

ISBN 978-7-309-14178-8/G·1952
定价:20.00 元

如有印装质量问题,请向复旦大学出版社有限公司出版部调换。
版权所有　侵权必究